In der Arbeitsstube

ERWIN STRITTMATTER
LEBENSZEIT

EIN BREVIER

Ausgewählt von Helga Pankoke

AUFBAU-VERLAG

Der kindliche Mensch
ist die Krone der
Schöpfung

Bin dies nicht, bin das nicht;
Nicht Himmel, nicht Hölle.
Bin Kind und bin Jugend;
Bin Unschuld der Quelle.

(W I 1957)

1913 ...

Ich wurde an einem Mittwoch geboren, an einem Mittwochvormittag um zehn Uhr, falls jemand die Zeit vergleichen möchte. Obwohl der Monat August gewitterfreundlich ist, donnerte es nicht, und die Sonne stand nicht im Zeichen der Jungfrau, und es ging keinesfalls goethisch bei meiner Geburt zu.

Aber ich soll mich sofort so umgesehen haben, als ob ich die Welt schon kennte, behauptete meine Mutter, doch sie verriet es erst, nachdem mein erstes Buch gedruckt war. Und daß ich mich so kenntnis-

Die Mutter um 1910

reich umblickte, gleich nachdem ich in die Welt gefahren war, das war nur ein Trick von mir, und ich habe diesen Trick im Leben noch oft benutzen müssen, denn wundern darf man sich nur unauffällig, wenn man nicht haben möchte, daß einen die Schlauberger unter den Zeitgenossen für einen Naiven halten und daß sie einen unter ihre Botmäßigkeit zwingen.

In bezug auf mein Dasein nahmen meine Mutter und ich übrigens verschiedene Standpunkte ein; denn als ich für die Mutter schon da war, wähnte ich mich noch im Niemandsland, und das bewies, daß ich kein Wunderkind war, denn nur Wunderkinder erinnern sich ihrer ersten Lebensminuten, und sie machen Aussagen über die Schürze ihrer Hebamme, und sie verkünden, diese Schürze wäre *weuß gewösen*, und alle Wunderkindgläubigen staunen.

Ach ja, es gibt bis heute keine andere Pforte, um in diese Welt zu schlüpfen, als eine Mutter, aber man arbeitet bereits an anderen Einstiegsmöglichkeiten, wie ich lese, doch wenn der Menschenbrutschrank, an dem man arbeitet, zuerst von Schaftlern in einem Lande erfunden wird, das antihuman regiert wird, so werden dort die Industriellen den Professoren das Brutschrankprinzip abkaufen und entreißen, und sie werden serienmäßig homunculi als billige Arbeitskräfte und zu Kriegszwecken herstellen. Dieser Umstand wird auch die Regierungen anderer Länder zwingen, solche homunculi herzustellen, und wenn ich an die Folgen denk, so möcht ich mit Hašeks Schwejk sagen: Davor hab ich immer die größte Angst gehabt!

(N 1972)

Als mein Vater zu meiner Mutter in die Dachkammer in der Forster Straße einer Niederlausitzer Kleinstadt stieg, hatte er das im Sinne, was man landläufig Liebe nennt, und er ahnte nicht, was er anrichten würde, und er ahnt noch jetzt als Achtzigjähriger nicht, was er mit seiner Liebe anrichtete.

(Se 1966)

1962

Beselerkinder Ulrike, Sven, Shetlandfohlen 1966

Selbst, wenn ich nur etwas vom Charakter meiner Mutter und etwas vom Charakter meines Vaters hätte, wäre mein Charakter anders als der der beiden Alten. Nun sind aber auch die Charaktereigenschaften ganzer Heerscharen von Müttern und Vätern in mir wirksam, die ihren Groschen zur Summe beisteuerten, die mein Charakter ist. Sagt man mir da nicht Grobheiten, wenns heißt: Der ganze Vater; die ganze Mutter.

(Se 1966)

Im Rostocker Zoo, links Sohn Matti 1985

Als ich ein Kleinkind war, waren die Tiere meine Brüder, und ihre Stummheit war keine Verständigungsgrenze zwischen uns, denn ich verständigte mich mit anderen Kleinkindern ohne Worte.

Als mein Bewußtsein wuchs, wuchs die Ferne zwischen mir und den Tieren, doch als ich älter wurde und die Überheblichkeit überwand, mit der mich mein Bewußtsein von meinem Ich geschlagen hatte, fand ich die Wurzeln wieder, die mich mit den Tieren verbinden.

(Se 1966)

Schwarze Katze mit dem weißen Latz
streicht ums Tischbein, schmeichelt um die Kante.
Schnurrend schnellt sie, hascht im weichen Satz,
krümmt mit Anmut ihre samtne Brante.
Spitzbeohrter Katerkopf geneigt,
schlappt das rote Zünglein durch die Milch.
Wenn der gelbe Zottelhund sich zeigt,
sträubt ihr Schwanzhaar sich so wie beim Bilch.
Eingerollt auf rissger Ofenbank,
peitscht ihr Schweif. Wenn in der Küchenstille,
knackt die flinke Raspelmaus im Schrank,
füllt den schrägen Lidschlitz die Pupille.
Zusprung, Tatzenschlag und Krallenzücken,
Todeszirpen braun gestromter Maus,
sechsfach durchgespeerter Mäuserücken.
Schwarze Katze – Pantherduft im Haus.

(uv 1955)

In den Geschichten vom *Herrn Keuner* gibts eine Stelle, aus der hervorgeht, daß Herr *Keuner-Brecht* Katzen nicht besonders liebt; einer Katze aber, die sich zur Ruhe hingestreckt habe, zolle auch er den nötigen Respekt vor dieser Arbeit. Herr *Keuner-Brecht* hatte also die Katzen gut beobachtet.

Eines Abends kam ich zu Brecht und sah ein schwarz-weißes Kätzchen auf seinem Abendbrottisch. Die Wurst hatte es schon von den Broten gefressen, und jetzt leckte es die Butter ab. Schau an, Herr Keuner und die Katzen! sagte ich in der Art, wie wir uns gegenseitig zu frotzeln pflegten. Er sagte oft: Guhn Abend! Wie gehts dem Pferd?, und spielte auf meine Pferdenarrheit an. Ich stellte fest, daß er von seinem Arbeitsplatz geflüchtet war, damit sich die Katze dort tummeln konnte. Er wurde verlegen, nahm die Sache sehr ernst und gab Erklärungen ab, wieso man eine Katze, wenn sie sich einmal eingefunden habe, nicht sofort und ohne weiteres abschieben könne, und man müsse dies und das berücksichtigen. Aber die Katze fraß, ungerührt von allen Theorien, Brechts Abendbrot.

Bei späteren Besuchen sah ich die Katze wieder. Sie war noch frecher geworden, und meine Frotzeleien wurden nachdrücklicher, weil es mir, ich gesteh es, Spaß machte, ihn, der sonst so schlagfertig war, immer aufs neue in Verlegenheit zu bringen und in *Katzendiskussionen* zu verwickeln. Und ich spielte auf das *kleine Organon* an, und daß das eine eben die Theorie und ein anderes die Praxis sei und daß man es doch an der *Keuner-Katze* sehen könne.

Natürlich, sagte er, dös möcht auch gräßlich ausschaun, wenn dein Pferd sich aufm Abendbrottisch wälzen wollt!

(K 1966)

Im Schulzenhofer Garten, etwa 1979

Was Brecht betrifft, so wurde und wird viel über ihn zusammengelogen. Als er lebte, aus Niederträchtigkeit von seinen Gegnern, als er tot war, aus Verehrungssucht von Intellektuellen.

(G 1969)

Ich lebe zwei Leben. Eines als Pferdezüchter und eines als Schriftsteller. Eines weiß vom anderen nichts, aber sie profitieren voneinander.

(G 1969)

Mit der Shetlandpony-Herde auf der Waldweide 1968

Auf dem Heu-Wender 1958

O Reiten im Herbst, wenn den garstigen Fliegen
Dein Pferd nicht mehr schmeckt und die Schatten zu
kühl sind!
Wenn die Mücken das Nebelnaß deines Bartes
Scheun wie zu zeitigen Frühwinterschnee.
Wenn der Wind, deines spärlichen Haares spottend,
Raschelnd in silbrigen Disteln wühlt.
Wenn die Bäume, gebeugt von der bunten Last
Ihrer erfüllten Träume, knarren:
Eckern und Beeren, Zirbel und Zapfen.
Wegrands die harten, hahnenkammroten
Früchte der zärtlichen Heckenrosen.
Wenn dich beim Paß und beim wiegenden Schwung-
trab
Nußruch und Schreckenzirpen umwehn,
Springen die Stutenhufe behende
Über gelb-krause Pfifferlinge,
Die in umdämmerte Moose getropft sind.
Wenn die Drommete des Kranichs im Luche
Reife Kalmus-Kolben zerschmettert,
Schluchzt es im Moor hinter wehendem Wollgras.

Beim Kompost-Umsetzen 1960

Wie beim Abschied im Frühling der Liebe
Bäumt sich dein Herz, und es peitscht deine Pulse.
Wenn die Sonne sich beugt
Und die Falten in deinem Gesichte
Schonend mit Abendschatten vernarbt,
Heißt du den Herbst ohne Wehmut willkommen.
O Reiten im Herbst!

(uv 1961)

Zahnprüfen bei einer Jungstute 1956

Wir hatten miteinander gestritten, und mich überkam die leidige Lust, ungerechte Worte zu sagen. Zornig verließ ich das kleine Haus.

Über dem Hof, in durchsonnter Luft, hing eine singende Heidelerche. Sie stieg und lockte, ließ sich fallen und schluchzte, stieg wieder an und stieg, wurde zum singenden Punkt und verschwand dann im Höhendunst, aber ihren Gesang hörte man fort und fort, und es schien, als klänge die Luft.

Mein Zorn war dahin. Ich ging zurück in das Haus und rief in die Stube: Überm Hof singt die Heidelerche!

(3/4 1971)

Der tägliche Blick in die Tageszeitungen ruft den Selbstvorwurf in mir auf: Du tust zuwenig für den Tag!

Würde ich jedoch alle Tagesforderungen erfüllen: öffentliche Proteste, Stellungnahmen, Versammlungen und Sitzungen und noch mehr Sitzungen und auch sonst alles, was mir von Leuten, die für das Organisieren solcher Veranstaltungen bezahlt werden, aufgedrängt wird, käme ich nie im Leben zu einem eigentlichen Werk.

(Se 1966)

Viele Jahre meines Lebens gingen dahin, bis ich Mut genug beisammen hatte, das Hohngelächter der Dummköpfe und den Spott der Besserwisser für nichts zu achten, bis ich zu sagen und zu schreiben wagte, was ich sah, was ich fühlte, was ich dachte und nicht, was ich hätte sehen, fühlen und denken sollen.

(L I 1983)

Ein Wurm sitzt in meinem Herzen und nagt. Ich setz ihn auf galoppierendem Pferde dem Wind aus. Ich trinke Regen, ich esse Blättertau, ich atme den Harzduft der Kiefern ein. Der Wurm nagt matter. Wann wird er verenden?

(G 1969)

Muß ich, der Aufschreiber, selber glücklich sein, um andere glücklich zu machen? Ich weiß es nicht, aber eines weiß ich, ich muß lachen, und ich muß weinen, um andere lachen und weinen zu machen.

(G 1969)

Was bin ich?

Ein paar Pfündchen Sand, die wieder in Sand aufgehen, wird mir gesagt. Und wenn ich was Geistiges hinterlaß, das nicht in Sand aufgeht? frage ich. Vielleicht hinterläßt jeder Mensch, auch jene Zeitgenossen, die sich für Sand halten, mehr, als man bisher weiß.

(Se 1966)

Mein Pferd scheut vor einem harmlosen Fetzen Papier oder vor der daunigen Vogelfeder, die im Winde den Weg entlang rollt, und es möchte durchgehen.

Ich denke an einen Freund, der bald das Leben, bald den Tod scheut, der immerzu ausbrechen möchte …

(Se 1966)

Die kleinen Schritte sind es, mit denen ich, ohne mit meiner Kraft zu wüsten, den Berg doch schließlich besteige.

(Se 1966)

Ich bin nicht lang genug hier.
Ich mühe mich manches zu wissen.
Noch weiß ich nicht, wer ich bin,
Da glimmt mein Leben nur noch und erlischt.

(uv)

Die Stute und ihr Hengstfohlen grasten am See. Der Sattel knarrte, und die Steigbügel klingelten leise. Uralte Laute. Uralt auch das Peinigergeschlecht der grauen Bremsen, die sich an den Pferdehälsen festbissen. Zwei Meter im Umkreis roch die Luft nach Pferdeschweiß. Dort stand ich, hatte den Mantel aus

Pferderuch umgenommen und mich für die Nasen der Rehe *unsichtbar* gemacht.

Ein Flugzeug pfiff über den Wald hinweg. Das Geräusch des Überschalljägers regte die Frösche an. Sie quakten, als hätten sie einen Engel gesehn.

Herbstritt

Eine Krähe stieg aus den Hochkiefern, umkreiste die Bucht, erspähte mich, stieß einen kurzen Quarrlaut aus, steigerte ihre Geschwindigkeit und grenzte wie ein fliegender Feuermelder ihr Nistgebiet mit Warnschreien ein.

Die Frösche verstummten. Nur einer, der instinkt- oder gehörlos war, quakte weiter. Mein Mantel aus Pferdeduft war für nichts mehr gut. Ein Tier der Luft hatte die Tiere im Wasser und auf dem Lande von einer möglichen Gefahr verständigt.

(3/4 1971)

Eines Tages gewahrte ich, daß ich nicht mehr dem unverbindlichen Nichts, dem Nirwana, angehörte, daß ich mich in der Welt der Selbstverpflichtungen befand, daß ich Akteur in einem Lebensfilm war und daß ich Partner hatte, auf die ich mich einstellen mußte.

(Gr 1972)

Großvater wurde neunzig Jahre alt, und ich sah ihn nie mutlos, nie kraftlos. Auf seinem Totenbett prügelte er sich noch mit einem jungen Mann, der ihn zu zeitig beerben und ihm die Uhr wegnehmen wollte. Die Uhr und der Kalender waren Großvaters Navigationsgeräte durchs Leben.

Wenn im Frühling der Kopfsalat im Garten einwuchs und der Wind mit den zartgrünen Blättern spielte, so hieß es bei Großvater: Vorwärts gehts, der Salat spielt schon mit den Ohren!

Die Tiere hatten für ihn eine ins Menschliche übersetzte Sprache:

Der Kater vor dem Scheunentor sagte zur Katze auf dem Heuboden: Katharina, komm mal raus, komm mal raus!

Der Hengst rief der Stute zu: Hiiier bin ich, hiiier!, und die Kohlmeise sang: Hier sitz ich fein, hier sitz ich fein!

Die sorbischen Großeltern, etwa 1930

Die Krähen ermunterten im Winter einander: Knoche dürr, Knoche dürr. – Klaube ab! Klaube ab!, und die Schwalbe sang im Sommer am Hausgiebel: Hosen flicken, Hosen flicken? Kein Zwirrn, kein Zwirrn.

Der Grünspecht schrie nach Großvaters Auslegung im Frühling: Weib, Weib, Weib! und im Herbst: Strick, Strick, Strick!

Der Täuber gurrte: Heb den Rock hoch, heb den Rock hoch!, und der Goldammerhahn sang im Birkenwipfel: Wie, wie, wie hab ich dich lieb!

Manchmal mein ich, Großvater sei ein Dichter gewesen, einer, dem sein hartes Leben nicht Zeit ließ, aufzuschreiben, wie er die Welt sah.

(K 1966)

Meine Großmutter, ein Anderthalbmeter-Mütterchen, ist wie eine Zwergin aus dem Märchen. Sie hat tiefliegende Augen und rote Oberbäckchen, ist gütig und listig und – eben die tiefliegenden Augen. Wenn etwas nicht so geht, wie es gehen soll, stellt sie sich ein und schiebt an.

(L I 1983)

Mit meiner Schwester zusammen nehme ich oft an der Hofe-Arbeit der Großmutter teil. Ich liebe es, im Weibergegirr auf Knien übers Feld zu kriechen und den schwarzen Erdgeruch einzuatmen. Großmutter hackt die Sträucher heraus, und wir lesen die Kartoffeln in den Viertelzentner-Korb aus Weidenruten, und wenn er gefüllt ist, helfen wir ihn zum Sammelwagen schleppen. Im Frühling beim Queckenhacken greife ich wie ein Beschwörer in die freigehackten Nester der Schlangenwurzeln und bin stolz, wenn ich sie unverletzt herausbringe, weil jedes Schlangenglied, das in der Erde bleibt, neue Schlangen zeugt. Ich stehe mit den Fasanenhähnen auf du und du, und Wehmut überfällt mich, wenn im Herbst bei der Kartoffel-Ernte der Rote Milan seine Abschiedskreise über dem scharrenden Weibervölkchen dreht.

Unterm letzten Kartoffelstrauch sitzt der *Kokott*, ein sorbischer Zwerg, ein Feldgeist, der nun keinen

Unterschlupf mehr hat und flüchtet, und wem es gelingt, ihm eine Weidenkiepe überzustülpen, wird belohnt. Es gelingt uns nie, den *Kokott* zu fangen, er ist so flink, daß man ihn nicht sieht, aber belohnt werden wir von der Großmutter für unsere Fangmühen doch: Ein Zuckerstück, zwei Rosinchen – wie es die rote Friesrocktasche hergibt.

(L I 1983)

Mit den Geschwistern Magy, Heinjak und Tinko 1920

Wenn Großvater seinen Handwagen mit einem langgezogenen Brrrr! auf dem Hofe des Kottens angehalten hatte, küßte er uns. Er zwirbelte sich den aschblonden Schnurrbart und zwinkerte uns zu, und er kramte aus dem Handwagenkasten ein Stückchen Speck oder eine Schinkenscheibe, einen Klecks Butter, ein Töpfchen Magerquark oder ein Kännchen Buttermilch, und er schleuste die Raritäten heimlich in die Küche der Mutter, denn die Vorratsschränke in dieser Küche waren in der Regel so leer, daß sich dort nicht eine Fliege hätte von Krümeln ernähren können.

Sodann führte uns Großvater seine musizierende Taschenuhr vor, und wir durften mit seinem Kompaß spielen. Wenn uns diese *technischen Wunderwerke* zu langweilen begannen und unsere Gier auf Neues wieder emporquoll, so packte uns Großvater, und er ließ uns kopfunter in der niedrigen Bodenstube an der Decke entlanglaufen. Da hatten wir dann den Tisch und die Waschkommode unter uns, und die gewohnte Welt verkehrte sich und verströmte einen neuen Reiz, und damals wuchs die Lust in mir, meinen anerzogenen Standpunkt zur Welt mit einem poetischen Standpunkt auszutauschen.

(Gr 1972)

Aprilschnee fiel. Ich ging verstimmt und griesgrämig umher, obwohl es nicht in meiner Macht stand, mir ein günstigeres Wetter zum Salatpflanzen zu machen. Das Hellgrün der Fliederknospen schimmerte durch die weiße Lasur, und die sprießenden Lilien zerschnitten mit ihren Schwertblättern kühn die Schneedecke. Im Grasgarten zerscharrten die bauchigen Shetlandstuten den Schleier des Scheinwinters nach vitaminprallen Junghälmchen für ihre künftigen Fohlen. Stare und Amseln suchten sich ihr Frühstück auf schneefreien Stellen unter Schirmfichten und Föhren, und meine Söhne rollten den kleberigen Spätschnee lachend zu großen Kugeln. Aus den Kugeln formten sie einen Mann, der mit hängenden Mundwinkeln und Schlitzaugen aus Kohlestückchen in die Welt blickte.

Da lachte auch ich, und nicht nur über den Schneemann; denn fast hätte ich mich um die Poesie eines ungewöhnlichen Tages gebracht.

(3/4 1971)

Das Taglicht bleibt länger.
Der Winter zerrinnt.
Schon kommt am Mittag ein Weilchen die Sonne.
Eiszapfen funkeln am Dachrand und tropfen.
Nachts bricht ein hungriger Sturm aus dem Wald.
Fuderweis frißt er den krustigen Schnee.
Wassersatt duften die ziehenden Lüfte.
Tag und Nacht hohles Sausen in Bäumen.
Dann kommt die Sonne schon morgens und gleißt.
Klingelnde Wässer rinnen durchs Feld.
Eilig und breit wird der Bach in den Wiesen.
Bachblumen öffnen die Knospenlider.
Der Star ist da und beäugt seinen Kasten.
Der Sperling sitzt auf dem Stänglein davor.
Ein Kampf bricht aus.
Auch das ist der Frühling.

(T uv 1956)

Es beschäftigte mich bis in meine Jünglingsjahre hinein, und es beschäftigt mich noch heute, weil ich feststellte, daß viele große Geister, die über die Erde gingen, das Leben vieldimensional an- und überschauten und daß sie das allein mit ihrer Phantasie bewältigten, ohne die vielen Apparaturen, auf die wir Menschen des *Wissenschaftlichen Jahrhunderts* nicht glauben verzichten zu können. Aber eine Weile später erkannte ich, daß all die von uns erfundenen Apparate nichts anderes sind als greifbar gemachte Phantasie, und der Kreis meiner Beobachtungen schloß sich.

(Gr 1972)

Es ist mir nie schwergefallen, bescheiden zu sein, nur jenes meiner Mitbringsel, das Phantasie geheißen wird, läßt sich auf keinerlei Bescheidenheit ein. Wenn wir es hier auf Erden nicht bald zu einem beständigen Frieden bringen, sagt sie mir, kann der Raketenschuß, den wir vor Tagen auf die Venus abfeuerten, der Anfang zu einem außerirdischen Kolonialsystem gewesen sein.

(Se 1966)

Ich kann mir vorstellen, wie es hier ist, wenn ich nicht mehr bin, doch ich kann mir nicht vorstellen, wie es dort ist, wo ich sein werde, wenn ich nicht mehr bin, obwohl ich von dort kam und hier nur durchreise.

(Se 1966)

Wenn ihre äußerliche Versorgung gesichert ist, beginnen die Menschen zu fragen: Wo komme ich her? Weshalb bin ich hier? Welches sind meine wirklichen gesellschaftlichen Verpflichtungen? Das liegt in der Natur des Menschen, das zeichnet ihn aus.

Wer antwortet auf solche Fragen? Die Kirche versuchts unzulänglich, wie ich meine. Die Ökonomen und die Politiker antworten oft zu einseitig. Also müssen die Künstler zu antworten versuchen, was ihres Amtes eigentlich immer war.

(I 1973)

Es lag mir fern, vorsätzlich über *Natur* an sich zu schreiben. Naturschwärmer sind mir so makaber wie alle Sektierer. Ich fand jedoch, wir verloren über unseren ökonomischen und soziologischen Kämpfen ein bißchen aus den Augen, daß der Mensch selber ein Produkt der Natur ist und daß er sich selber vernichtet, wenn er sie in urbanistischer und pseudofortschrittlicher Überheblichkeit mißhandelt und mißbraucht.

(I 1973)

Poesie, die Kunst überhaupt, muß gleichzeitig ein Forschen sein. Wenn ich mich mit Eva Strittmatter über einen neuen Literaten (es darf auch ein alter sein) unterhalte, so fragen wir einander: Was hat er Neues herausbekommen?

(I 1973)

Die Sonne geht nicht auf,
Auch unter geht sie nicht.
Die Erde steht nicht fest.
Der Mond ist ohne Licht.
Das ist so,
Und ich weiß es,
Und dennoch sag ichs nicht.

(Se 1966)

Als ich älter wurde, wich mein Spott einem wehmütig-nachsichtigen Lächeln.

(Se 1966)

Eine Häufung gleicher Tatbestände! Ein Zufall? Das Leben kennt keine Zufälle.

(L II 1987)

Das Wasser rinnt,
Rinnt auch durch mich
Wie Luft und Licht.
Ich weiß es;
Doch bedenk es nicht.

(Se 1966)

Was der Mensch nicht kennt, das entbehrt er nicht. Ich kannte kein Weizenbrot und gierte nicht danach, ich kannte keine Schokolade, und ich verspürte keinen Appetit auf sie. Ach, es gibt so wenige echte, aber so viele unechte Bedürfnisse.

(Gr 1972)

Die Mutter wollte mich wieder einmal sehen, und Großvater treckte einen Handwagen voll nützlicher Sachen aufs Dorf. Auf der Fuhre saß ich, und aus dem Geratter des Handwagens und aus Großvaters rhythmischen Tritten, aus dem Rauschen der Kiefern und dem Gezirp der Vögel entstanden Melodien, und die Melodien drangen auf mich ein.

Ich kannte damals nur Choräle und Kinderliedchen. Die Choräle holten die überalterten Blasmusiker des Dorfes aus ihrem gebogenen Blech, wenn wieder ein *Held auf dem Felde der Ehre* gefallen war. Meine *Handwagenmusik* war mächtiger als die Choräle, und als ich später Symphonien hörte, überraschten sie mich nicht, und es war nichts Unfaßliches für mich in ihnen, denn ich wußte, daß sie aus dem pfeifenden Wind, aus dem Rauschen der Bäume, dem Säuseln der Gräser, dem Gesumm der Insekten und dem Glucksen des Wassers kommen und daß sie das Weltall durchschweben und daß sie hören kann, wers vermag. Ich hörte sie damals, und ich höre sie heute, aber ich vermag nicht, sie in Form von Punkten zu Papier zu bringen, und es gelänge mir nicht, sie mit Taktstrichen zu bändigen und zu bannen. Ich versuche sie deshalb mit der knarrenden Wortkunst zwischen Sätzen einzufangen, so gut ich es vermag, und ich bewundere Beethoven, Mozart, Schubert und andere gesegnete Bemeisterer der Musik.

(Gr 1972)

Wenn ich aus einem Lebenstag keine Erkenntnis holte, habe ich ihn nicht erlebt, sondern verbracht.

(Se 1966)

Beim Belauschen von Kranichen 1965

Wenn Wind im Wald rauscht, denk ich an die Tiere,
die er trieb und treibt.
Wenn Wind im Wald rauscht, denke ich an Luren,
die durch ihn erklingen.
Wenn Wind im Wald rauscht,
hör ich Überlieder singen und fühle,
daß Beethoven nur Anfang war von Möglichkeiten,
Windwelt in Musik zu zwingen.
Wenn Wind im Wald rauscht, denk ich
an den toten Freund, der Wind und Wälder
fürchtete wie schlimme Fieber, und wähne,
daß er jetzt, scheu wie er war
und weise, sich an die Windmusik gewöhnt
auf weiter Reise.
Wenn Wind im Wald rauscht, schwimmen aus den
Tiefen
Gedanken, die in grünen Gründen schliefen,
wie Fische ohne Namen aus dem Tang
herauf.
Was weißt du noch zu sagen, Urweltrauschen?
Ich steh in deinem Wehn wie deine Bäume
Und glitzre gleich den Gräsern tauumfunkelt.
Es weht in meinen Wurzeln erdumdunkelt
und schafft bald Blatt, bald Blüte an das Licht.
Es müht in mir sich. Mißversteh ich dich?

(uv 1960)

Die Stute wurde krank. Sie bekam Verschlag, und sie konnte die Hinterbeine nur noch schleppend bewegen. Obwohl ich weiß, daß ein Pferd keine Hinterbeine hat, schreibe ich nicht *Hinterhand.* Ich bitte alle Pferdemänner und alle Mitglieder der Reit- und Pferdezuchtverbände, mir zu verzeihen, denn es sollen mich viele Leser verstehen, aber sie werden mich nicht verstehen, wenn ich im Berufsgruppen-*Latein* schreibe, in der Kastensprache der Jäger zum Beispiel mit ihren *Lauschern, Löffeln* und *Geäsen.*

Ich nehme es den *Grünröcken* nicht übel, wenn sie über mich, den gemeinen Mann, die *Riecher* rümpfen, und ich bitte auch prophylaktisch die Sportler um Entschuldigung, wenn ich ihren Berufsjargon ignoriere, denn es bleibt dabei: ich halte den *Dadaismus* für dekadent.

(P 1972)

Ich habe zwei Freunde, oder sinds gar drei, die niemals Fehler machen, und das ist mir oft so widerlich, daß ich ihnen sagen möchte, bezichtigt euch doch bitte eines Fehlers, den ihr nicht gemacht habt, damit ihr glaubwürdig bleibt.

(G 1969)

Ich neige dazu, zwischen zwei Arten des Denkens zu unterscheiden: zwischen dem Denken, das mit logischen Gedankenketten arbeitet, und einem instinktiven, einem animalischen Denken, das mit Uralt-Erfahrungen arbeitet.

(G 1968)

Pferdebesichtigung in Gräfentonna,
links der Genossenschaftsvorsitzende Paul Fiedler 1959

Von den Pferden her strömt mir merkwürdigerweise Kraft zu wie aus guten Gedichten.

(L II 1987)

Als ich schon ein Bücherschreiber war, gewahrte ich, daß Kinderträume sich zuweilen verwirklichen lassen, wenn man sie als Erwachsener nicht aufgibt: Zu meinem zweiundvierzigsten Geburtstag stand ein Pony im Stall. Über dieses Pony schrieb ich ein Buch. Das Buch wurde in die russische und in andere Sprachen übersetzt. Leser, Kinder und Erwachsene, schrieben mir begeisterte Briefe. Es gab, wie ich sah, viele Pferdenarren auf der Welt, deren Traum, ein Pony zu besitzen, sich nicht erfüllen ließ. Mit dem Buch aber, das ich geschrieben hatte, vervielfachte ich die Freude an meinem Traumpony, daß auch andere daran teilhaben konnten. Das erschien mir und erscheint mir heute noch wie Zauberei und läßt mir meinen Beruf schöner erscheinen als alle Träume.

(3/4 1971)

Ich hielt damals Triumphe für etwas Bleibendes und wußte nicht, daß man sie unausgesetzt wiederholen muß und daß Leute, denen Einsichten wuchsen, das nicht leisten können.

(Z 1974)

Es durchschwebt den Menschen eine Sehnsucht nach Glück, und er denkt, sobald mir jenes Auto, jenes Häuschen im Grünen, jener Garten am Fluß, jener Anzug oder jene Stiefel gehören werden, sobald ich meinen Nachbarn im Wohlstand überholt haben werde, ohne ihn eingeholt zu haben, werde ich glücklich sein, und es wird mir nichts mehr zu wünschen bleiben, und obwohl es tausend und mehr Arten von Glück zu geben scheint, gibt es für das Wort *Glück* keine Mehrzahl, und auch das Leben kümmert sich nicht um undialektische Vorstellungen des Menschen vom Glück. Und das Leben zieht seine Bahn, und es ist im Recht, und es ist unvergänglich, und wir sind in seinem Flusse, und alle Dinge, an die wir unser Herz hängen, sind flüchtig, und ihr Wert wandelt sich, und was uns heute beglückt, kann uns weinen machen, ehe der Hahn dreimal krähte.

(P 1972)

Ich verhielt mich, wie sich der Mensch im allgemeinen dem Unglück gegenüber verhält: er sieht ab von ihm, obwohl was zu lernen wäre, wenn er hin- und draufsähe, aber der Mensch schaut lieber in die Zukunft, und er träumt, daß die Zukunft makellos und ohne Unglück sein wird, und dabei leuchtet aus einem Loch am Wege schon die rote Mütze seines nächsten Unglücks, und er hätte dieses Unglück vielleicht umgehen können, wenn er sein letztes Unglück genauer betrachtet hätte.

(P 1972)

Aber was hilft dem Menschen, was hilft den klügsten Plankommissionen das sorgfältigste Vorausplanen, wenn plötzlich ein unvorhergesehenes X eine Rolle zu spielen beginnt, das man keinem Computer einfüttern kann?

(P 1972)

Ists nicht gleich, worüber ein Mensch glücklich ist? Ists nicht die Hauptsache, daß ers ist? Ists nicht so, daß dort, wo ein Glücksaugenblick eintritt, kein Raum für Kummer ist?

(L II 1987)

Nichts und niemandem nachlaufen; alles muß auf mich zukommen, wenn ich mich wie ein Mensch verhalte.

(Se 1966)

Brecht versuchte mich zu lehren, wie man seinen brausenden Zorn, wie man seine rappeligen Zörner bezwingt und wie man sie in *Theaterkräche* ummünzt, aber je länger ich Brecht kannte und beobachtete, desto gewisser wurde mir, daß auch ihm nicht immer gelang, was er mich lehren wollte. Wenn nach einem seiner *Theaterkräche* seine Halsmuskeln zuckten, so hatte sich das Leben nicht von ihm belehren lassen.

(P 1972)

Wenn man sich eine Stärken- und Längenordnung für Gewissensbisse vorstellt, dann steht auf der obersten Zeile die Qualenmenge, die sich der Umbringer eines Menschen zu machen hat, sofern er diesen Menschen nicht für sein Volk oder Vaterland oder aus politisch unumgänglichen Gründen, wie es des öfteren heißt, umbrachte, denn in diesem Falle verteilen sich die Gewissensbisse auf alle Mitglieder der Gemeinschaft, für die er mordete, und er darf sich fast so fühlen, als wäre er kein Mörder. Auf den unteren Zeilen dieser Liste würden dann die Zeitlängen von Gewissensbissen stehen, die den Vernichtern von Blattläusen und Wasserflöhen abverlangt werden, und die Zeiträume dieser *Bisse* wären kurz, fast nicht mehr registrierbar, und die Gewissensbisse für die Vernichtung von Mikroben würden überhaupt nicht aufgeführt sein, denn an der unteren Grenze seiner Sehkraft scheint die Verantwortung des Menschen für das Leben zu enden, obwohl wir seit langem wissen, daß das ein Irrtum ist, denn der Mensch bekommt es zu spüren, wenn er zum Beispiel gegen Bodenbakterien frevelt und die Erde, aus der er selber herauswuchs, verwüstet, aber wir fahren trotzdem fort, in diesen Dimensionen zu sündigen.

(P 1972)

Das Gezell des Menschen ist von Leidenschaften und Lastern durchwoben, wie das Gewurzel der Bäume vom Myzelgeflecht der Pilze durchwirkt ist, und kein Mensch wird gefragt, wieviel Leidenschaften und Laster er sich wünscht, bevor er ins sichtbare Leben schlüpft, und der eine Mensch schleppt viele Leidenschaften und Laster, und der andere Mensch schleppt nur je eine Leidenschaft und ein Laster, aber die Mitwelt giert zu erfahren, ob einer mit seinen Leidenschaften und Lastern fertig wird, oder ob sie ihn hinwerfen und wieder in die Erde trampeln.

(Sch 1972)

Die Lieder, sie sind verklungen.
Die Spuren, sie sind verweht.
Süßherbe Erinnerungen,
Die Zeit zaust mich und vergeht.

War es ein Morgen im Maien,
Als mich die Liebe gestreift?
Lenzblauer Taumel zu zweien,
Jetzt rötet der Wein sich und reift.

Die Stutenhufe, sie springen
Über Grüfte, Gräben und Karst.
Weiß dir kein Lied mehr zu singen,
Weiß nur noch leis, wie du warst.

(W II 1973)

Die Hochzeit, die Hochzeit, was spielt sie doch für eine Rolle im Leben der Menschen! Wird sie nicht wie die Wiederholung einer Geburt behandelt, einer Geburt, nach der der Mensch mit zwei Köpfen, vier Händen und vier Beinen vor seinen Mitmenschen und im Leben erscheint? Und die Eltern des Hochzeiters rufen das Glück an, und sie rufen das Schicksal an, und das ganz besonders am Hochzeitstage;

das Glück oder das Schicksal, sie möchten machen, daß die beiden Köpfe, mit denen der Mensch hinfort einhergehen wird, nicht gegeneinanderarbeiten, daß er sich mit seinen vier Händen nicht selber verprügelt und daß die vier Beine nicht voneinander stre-

ben, kurz, daß der zweiteilige Mensch funktioniert, sich zusammenhält und daß die jungen Köpfe und Beine, die ihm mit der Zeit dazuwachsen, an ihm ein gutes Beispiel haben möchten.

(Sch 1972)

Dorfhochzeit, (□) Strittmatter 1931

Wahrlich, ich sage euch, stets sind beide Partner unschuldig. Hinter Miß-Ehen steht das Leben, das hat seinen Lieferplan, und das braucht Menschen von bestimmter Geistes- und Charakterbeschaffenheit. Es treibt die heterogensten Partner zueinander, um zu Menschen zu kommen, die es braucht. Es treibt die Frau auf den Mann hin und den Mann in die Frau

Mit der Mutter und Schwester Magy, etwa 1915

hinein. Und wenn mir einer sagt: ich sehe nichts Besonderes an und in den Kindern, die ich zeugte, so sei ihm erwidert, er möge nicht nur an sein kurzes Leben hier vor dem Vorhang denken, in dem er schon nicht mehr erfährt, wer da aus der vierten Generation seiner Nachkommen aufsteht und andeutet, was das Leben mit ihm gemeint haben könnte.

(J 1985)

Mit den Brüdern Heinjak, Tinko und Frede um 1935

Abraham hütet die Herde:
Lämmer und wilde Pferde.
Abraham mit dem Barte
Hütet das Wilde und Zarte.
Hält die Funken für Flammen
Für den Morgen zusammen.
Abraham unter dem Hute
Hütet den Haß und das Gute.
Abraham hinter dem Bart.

(W I 1957)

Das Leben läßt nichts aus den Augen, was es sich vornahm, und was ihm mit der einen Generation nicht gelingt, das gelingt ihm mit der nächsten. Vielleicht besteht unsere Freiheit, die wir mit dem

Mit den Söhnen Erwin, Matti und Jakob 1967

Menschsein erhalten, darin, daß wir unsere geistige Entwicklung, denn nur sie zählt, aufs Ganze gesehen, ein wenig zu beschleunigen vermögen.

(Sch 1972)

Als ich dich am Tage eins
Unsrer langen, langen Liebe
Unter den Gekommnen sah,
Ward ich inne, daß mein Leben
Hart und unruhvoll gewesen,
Weil ich dich zu unsrer Stunde
Allerpünktlichst treffen sollte.

(uv)

Nach einer Lesestunde mit Eva Strittmatter
in Sehma, Krs. Annaberg 1963

Es geschah, als ich mich aus den Armen einer Geliebten löste, daß ich eine blaue Nachtigall fliegen sah, und ich konnte die blaue Nachtigall nicht vergessen, und ich konnte sie den ganzen Tag nicht vergessen, und mir fiel ein, was man mir über die Nachtigall beigebracht hatte, und danach war sie ein Tier, ein Insektenfresser aus der Gattung der Sperlingsvögel, ein Eierleger, der mit dem Säuger Mensch nichts zu tun hatte. Aber je länger ich über die Nachtigall nachdachte, desto fragwürdiger und oberflächlicher wurde mir, was ich über sie gelernt hatte, und sie erschien mir wie ein singendes Gewächs aus dem Luftraum, und mir schien, daß es von alters her Beziehungen zwischen Kreatur und Kreatur gäbe, die noch ungeklärt sind, weil wir nur das klären, was uns nützlich erscheint.

(N 1972)

Hinter der alten Scheune 1966

Die Plätze, an denen ich ein Stückchen Poesie ergreifen konnte, um es in Worte zu fassen, suche ich gern wieder auf; etwa wie ich in der Jugend die Plätze wieder aufsuchte, an denen ich in Liebe mit einem Mädchen saß.

(Se 1966)

Ich war ein Junge, und ich war zwölf Jahre alt, aber als ich den Gesang des zugereisten Vogels hörte, fühlte ich, als ob mirs aus dem Weltenraum zugeweht worden wäre, was die Liebe ist; nicht die Liebe zur Mutter, nicht die zu den Brüdern, sondern jene Liebe, die etwas mit jeder Zelle des Körpers zu tun hat, denn ich näherte mich dem Zustand, den man mit dem Begriff *Pubertät* abtut. Aber was sind wissen-

Als Quintaner der »hochen Schule«
vor der alten Dorfschmiede in Bohsdorf 1925

schaftliche Begriffe in solchen Fällen? Wir sagen: *Instinkt*, und wir sagen: *Komplex*, wir sagen: *Sexualität*, und wir bilden uns ein, damit alles erklärt zu haben, und wir sind so selbstsicher dabei wie die Kartenspieler, wenn sie behaupten, ein As zähle elf Augen.

(N 1972)

Mit der Trakehner-Stute
(»Als ich noch ein Pferderäuber war«), etwa 1927

In der Jugend schrieb ich Gedichte, um die Mädchen auf mich aufmerksam zu machen. Wie lächerlich muß ich da für die Mädchen gewesen sein, die auf Kraftproben von Beschälern aus waren!

Später schrieb ich, um die Menschen allgemein auf mich aufmerksam zu machen, und ich werde für viele Menschen nicht weniger lächerlich gewesen sein als einst für bestimmte Mädchen, weil längst nicht alle intelligenten Menschen Sinn für die Kunst haben.

Heute liegt mir der Lohn des Schreibens im Schreiben.

(Se 1966)

Warte nur, warte,
Der Wind wird sich drehn,
Alle, die heute vorübergehn,
Werden vor deiner Türe stehn.
Wirst du der Mann sein,
Sie nicht zu sehn?

(Se 1966)

Ich war Handwerksgeselle geworden, und ich trug meinen Gesellenbrief in der Tasche, und der war mir weniger ein Ausweis dafür, daß ich bestimmte Griffe des Bäckerhandwerks beherrschte, als ein Paß, der mir erlaubte, ungestraft Zigaretten zu rauchen, Bier zu trinken und Liebschaften zu beginnen.

(N 1972)

Lieber beim Deibel in der Hölle als beim Bäcker vorm Ofen. Bäcker sind stets in Rage. Sie laufen mit der *Gare* um die Wette, mit der Vermehrung von Hefe- und Sauerteig-Bakterien. Die kleinen Bakterien, die biologischen Hilfsarbeiter, lassen sichs gutgehen, kichern, vermehren sich, leben wohl und treiben den großen Menschen mit der weißen Schürze in

Als Bäckergeselle 1932

Proben fürs Vereins-Theater, etwa 1929

der Backstube umher, daß der schweißgebadet die Pantoffeln verliert.

(L I 1983)

Kein Baumblatt gleicht dem anderen, und kein Mensch gleicht dem anderen, aber auch kein Tag gleicht dem anderen, jeder hat seine Möglichkeit, und der, an dem ich nicht mehr aus und ein weiß und am liebsten sterben würde, ist vielleicht der Tag, an dem ich entdecke, wozu ich hier sein mußte.

(Se 1966)

Ich sah die menschlichen Berufe wie Theaterrollen. Es machte mir Spaß, eine Anzahl von Rollen zu erlernen, und wenn ich sie beherrschte und wenn ich sie eine Weile gespielt hatte, reizten sie mich nicht mehr, und sie wurden mir langweilig, und wenn mich eine Berufsrolle zu langweilen begann, suchte ich nach einer neuen, bis ich den Beruf fand, in dem ich alle Rollen spielen durfte.

(N 1972)

Als Tierpark-Wärter

Reklame-Reiten in der Zeit als Tierpark-Wärter
in Dinslaken, etwa 1936

Bis zum Freitag meiner ersten Kellnerwoche hatte ich eine Methode gefunden, nach der ich ein wenig schlafen konnte, wenn Filmgegner und Liebespaare das Café bevölkerten: Ich hakte das Anhängerband der Kellnerjacke in der Küche am Garderobenrechen fest, an dem die Zugeherin und das Tellermädchen ihre Tücher hängen hatten, ja, ich hängte mich in der zugeknöpften Jacke dazu, hängte mich neben den Wischtüchern auf, und diese Methode ließ nicht zu, daß ich umfiel, wenn ich einschlief, und ich schlief sofort ein, und ich schlief fest ein, und manchmal gewahrte ich vor dem Einschlafen, wie meine Knie einknickten, aber ich konnte nicht umfallen, weil ich hing.

Der Nachteil dieser Methode war, daß ich, wenn plötzlich *Kellner* oder *Ober* gerufen wurde, oder wenn mir das mitleidige Tellermädchen einen Schubs gab,

Als Tierpark-Wärter

weil ich den Ruf der Gäste nicht gehört hatte, nicht frei verfügbar war, weil ich am Garderobenrechen hing, und daß ich den Aufhänger meiner Jacke zerriß, und daß mir das zusätzliche Näharbeit verschaffte, die von der Schlafzeit abging. Für mich war das allemal eine Wiedergeburt: Ich mußte meine Rolle erst wiederfinden, und ich hatte vergessen, wo im Weltraum ich eigentlich hing.

(N 1972)

Als Café-Kellner in Bad Pretzsch 1930

Vielleicht hätte ich damals nichts dagegen gehabt, ein Mann zu sein, von dem die Leute des Städtchens, die leidenden Frauen und die Mädchen auf den Elbwiesen, mehr Notiz nahmen, als sie es taten, aber das war mit der Anfertigung von Rosen, Fröschen und Schwänen aus Buttercreme nicht zu erreichen. Heute sehne ich mich oft in die Anonymität meines Kellnerdaseins zurück, und das ist natürlich, und das hat was mit Dialektik zu tun, und das ist das Leben.

(N 1972)

Strömt Poesie aus den Dichtern oder aus den Dingen? Spürt der Dichter die Poesie, die in den Dingen liegt, auf, oder ruft die Poesie der Dinge den Dichter heran? Sorgen die Nachtfalter für die Vermehrung der Nachtnelken, oder sorgen die Nachtnelken für die Vermehrung der Nachtschmetterlinge?

(L II 1987)

Einmal, als ich so um die fünfundzwanzig Jahre alt war, machte ich auf eine Frau ein Lied, ein fix und fertiges Lied, Text und Melodie. Für diese Frau war das Lied eine Lächerlichkeit, ein Nichts. Ihre Seele war eine Blechwand, an der meine Gefühle abprallten. Ich nahm das Lied zurück und legte es zu meinen Erinnerungen. Später, als der listige Augsburger mein erstes Theaterstück in Regie nahm, wies er auf eine Szene, in der zwei Dorfmädchen abends wartend auf einer Bank sitzen: Hier gehöret ein Lied her, an Tupfer von einem Lied, sagte er. Da nahm ich jenes Lied aus der Erinnerung, und zwei junge Schauspielerinnen sangen es, und das Publikum nahm es wohlwollend auf. Später wurde die Theateraufführung verfilmt, und Text und Melodie des Liedes von damals blieben im Tonfilm aufgehoben. Das – um rasch vorzuführen, wie weit der Anlaß einer poetischen Produktion und ihre Wirkung auseinander liegen können.

(L II 1987)

Haben zusammen am Weiher gesessen,
Anne, ich und der Mond.
Haben uns vieles zu sagen gehabt,
Anne, ich und der Mond.
Ist manches liebe Wort geflogen
zwischen Anne, mir und dem Mond.
Keines von allen hab ich vergessen.
Weißt du noch, Anne, der Mond.

(Kg 1953)

Bullenritt auf der Heide 1929

Es gibt Taten in meinem Leben, die mir fremd sind, während ich sie tue: Die Kasse ist geschlossen, mein Aufpasser-Amt ist erloschen; es ist mir fad, dazustehen und zu erraten, wer in welches Maskenkostüm kroch. Ich renne nach Hause und ziehe Großvaters älteste Hose an, dazu eine zerrissene Jacke, Schuhe mit Auslug für meine Zehen und einen bejahrten Hut, der nicht mehr grün, aber auch noch nicht grau ist. Mein Gesicht bemale ich mit Farben aus meinem Schul-Tuschkasten und mache einen Menschen aus mir, dessen Äußeres anzeigt, daß er nichts mehr will, auf nichts mehr hofft, daß ihn kein Urteil aus der Umwelt mehr erreicht. Ein Prozeß, ein Zustand, in den ich von Zeit zu Zeit und mein Leben lang hineinfalle, ein Prozeß, der von Weltraumkonstellationen abhängt; ein Prozeß, der immer einmal aussetzt und mich dann wieder bedrängt, der in meinen letzten Lebensjahren immer bündiger wird!

(L II 1987)

Die Bossdomer Vereine rüsten für einen unterhaltsamen Winter. Die Vorstände übertreffen einander, die Bossdomer Einwohner mit Vereins-Theateraufführungen zu unterhalten und zu erfreuen. Es gibt nur wenige Einwohner, die zum Theaterspielen benutzt

Vereins-Theater »Die Braut des Wilderers« 1929

Vereins-Theater,
die »Schwarzenberger Sänger«
von hinten 1929

Vereins-Theater,
die »Schwarzenberger Sänger«
von vorn 1929

werden können. Ich gehöre zu diesen Leuten. Seit ich lange Hosen trage und zu den Erwachsenen zähle, spiele ich im Winter in allen Vereinen Theater. Ich bin für die Bossdomer ein Theatermann, ein Dorf-Theater-Star.

(L II 1987)

Es braucht viele Jahre, bis mir aufgeht, daß das, was ein Aufschreiber mit dem, was er aufschreibt, erreichen will, nicht mit Händen zu greifen sein darf.

(L II 1987)

Ich weiß bis heute nicht, ob es rechtens ist, sich in die Helden, und Unhelden, die ein Buchschreiber anfertigt, einzuleben. Nach dem, was der listige Augsburger von Schauspielern verlangt, müßten die Leser neben den Helden der Romane stehen, die sie lesen und sie mit ihrem Intellekt beschießen. Ich weiß nicht, wie das gehen soll. Ich habe den listigen Augsburger gefragt. (Ich weiß noch, wo es war: Wir fuhren gleich hinter Weißensee unter einer S-Bahn-Brücke hindurch.) Und der Augsburger antwortete mir: Ja, das ist so eine Sache!

Ehrliche Schauspieler versicherten mir, man müsse schizophren sein, wenn man die Forderung des Augsburgers erfüllen wolle. Von dem Buchschreiber, der ich bin, weiß ich, daß die von mir geschaffenen Figuren Versuche sind, zu ergründen, wie es mit

Vereins-Theater,
die »Schwarzenberger Sänger«, ein Sauflied singend, 1929

mir ausgegangen wäre, wenn dieser oder jener meiner schwach ausgebildeten Charakterzüge ausgeformter mein Leben beherrscht hätte. Es liegt mir fern, meine Leser mit Helden zum Nachbauen zu versorgen.

(L II 1987)

Das, was wir damals für komisch hielten.
Bei einer Bauernhochzeit. (□) Strittmatter 1931

Ich rufe mir die Zeit, in der ich Rollfuhrmann für Tabakblätter war, zurück, weil ich erkunden will, wie das Ich, das ich bin, seine Vergangenheit poetisiert und romantisiert. Ich versuche, die Kraft zu erkennen und zu sublimieren, die mich befähigen könnte, aus dem Augenblick, den ich durchlebe, sofort die Poesie zu keltern, die er sonst erst abgibt, wenn er vergangen ist.

(L II 1987)

Es wär mir schon recht, wenn ichs mit meinem Leben so halten könnte wie mit dem Romanschreiben: immer eine neue Fassung, zwanzig und mehr Fassungen – damits einem Kunstwerk ähnlich wird. Aber da ist die erste Seite. Sie ist im Leben, im Gegensatz zum Roman, vorgegeben und bewirkt, daß

Café-Kellner in Zivil, Bad Pretzsch 1930

ich nur unter äußersten Anstrengungen mit der zwanzigsten Lebensfassung was Besseres erzielen würde als mit der ersten.

(Se 1966)

Noch immer versuche ich mich mit dem, was ich schreibe, an das heranzutasten, was mich unverwechselbar macht, was nur ich allein kann.

Es geschieht nicht aus Eitelkeit. Die Zeit, da auch sie beim Schreiben im Spiel war, ist vorüber; es geschieht, um mein Hiersein zu rechtfertigen.

(Se 1966)

Es gab bei mir für einige Zeit noch eine andere Art des Schreibens, ein Schreiben aus aufgezäumter, so will ich sie mal nennen, gesellschaftlicher Notwendigkeit. Unter ihr beschrieb ich Vorgänge, die ich nicht genau kannte, erlebt oder gesehen und demzufolge auch nicht, na, nennen wir es *durchfühlt* hatte.

Die Zeit, in der ich so schrieb, war verhältnismäßig kurz, und wenn ich die damaligen Schreibereien von heute aus betrachte, sind sie überholt, verjährt, einfach naiv!

Als Beispiel zwei Zeilen aus dem Epilog meiner Komödie *Katzgraben*: ... *Wer wird uns hindern, Reis und Sojabohnen, / im Waldschutz Baumwollpflanzen anzusiedeln?*

Also: Mitschurin-, Lyssenko-, Stalin-Theorien!

Und noch zwei Zeilen aus dem *Katzgraben*-Epilog: ... *Kein Brocken Brachland, alle Öden grün. / Der Weizen wächst auf Lüneburger Heide ...*

Also: Die Einheit Deutschlands und Sand wird zu Ackerland gemacht. Da spielten die Wünsche, die Utopien unserer damaligen Politiker und Wirtschaftler hinein, die ich zu den meinen gemacht hatte; als *Kollektivschuldner* am Kriege war ich sehr bereit, ihnen zu trauen, an sie zu glauben, und ich glaubte, mit meiner schriftstellerischen Arbeit das Umdenken der Menschen, wenigstens in unserem Teil Deutschlands, beschleunigen zu helfen. Jeder wird aber heute zugeben, daß das mit dem Reis und den Sojabohnen im Waldschutz lächerlich klingt, besonders für die Jungen, die die Zeit und die psychologische Situation, aus der heraus dieser Wunschtraum entstand, nicht kennen.

(I uv 1981)

Aber dann gibts diese Katastrophen: Eine Unbedachtheit, einen Zorn, einen Wutanfall …, und das Landstück Weisheit, das ich den Lebenswogen abgekämpft hatte, wird wieder hinweggerissen.

Wie viele Stunden und Tage wirds brauchen, bis da wieder ein Landstück entsteht, auf dem ich fußen kann!

(Se 1966)

Ich hör andere von der *goldenen Jugend* erzählen; mir aber wird die Zeit, die mir auf Erden noch bleibt, täglich goldwerter.

(Se 1966)

Unter welchen liebenswürdigen Vorwänden die Zeiträuber auch zu mir kommen, wie sie meiner Eitelkeit auch schmeicheln mögen, ich will ihnen widerstehen, will hart mit ihnen umgehen, sie abstoßen; vielleicht, daß ich ihnen zu sich selber verhelfe.

(Se 1966)

Ich sah ein Theaterstück. Es war fünfzehn Jahre alt, und es war ein Stück von mir: Eine alte, abgestoßene Haut von mir wurde ausgebreitet, eine alte Haut aus Gedanken und Worten, und sie lag da als Ding für sich selbst, und sie ging mich nichts mehr an; denn ich geh mit einer Haut von neuen Gedanken umher,

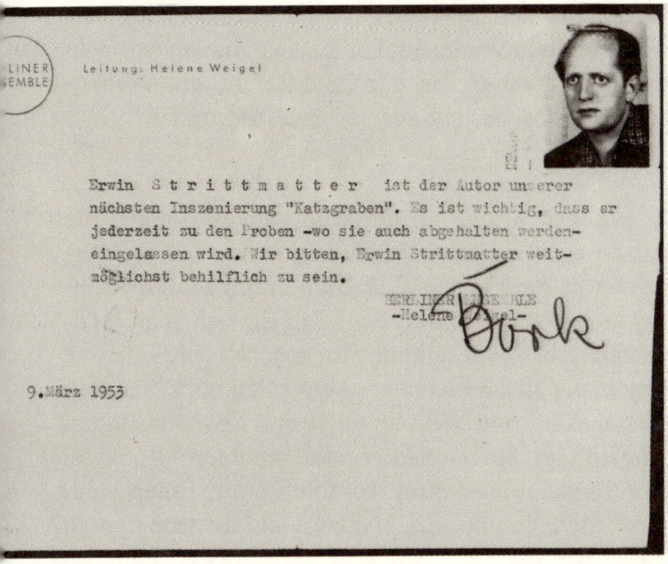

LINER
EMBLE

Leitung: Helene Weigel

Erwin S t r i t t m a t t e r ist der Autor unserer nächsten Inszenierung "Katzgraben". Es ist wichtig, dass er jederzeit zu den Proben -wo sie auch abgehalten werden- eingelassen wird. Wir bitten, Erwin Strittmatter weitmöglichst behilflich zu sein.

BERLINER ENSEMBLE
-Helene Weigel-

Bork

9.März 1953

Passierschein

und auch diese Gedanken fasse ich in Worte, und eines Tages werde ich, hoff ich, auch sie abstreifen.

(Se 1966)

Und vielleicht bin auch ich eine Art von Spinne wie jene dort, die sich kopfunter vom Baum seilt. Und vielleicht webe auch ich da und dort mein dünnes Netz und spanne es in den Schneisen aus, und einige meiner Mitmenschen stehen vor dem Gewebe und bewundern es, und anderen ist es nichts als eine Belästigung für ihre Wimpern und Nasenspitzen.

(Se 1966)

Einer meiner geheimen Wünsche: so zu leben und zu schaffen, daß die geistigen Erben, wenn sie die Schubfächer meines Schreibtischs durchwühlen, nicht sagen müssen: Er hat alles zu Lebzeiten ausgegeben.

(Se 1966)

Weder die Pessimisten noch die Scheiß-Optimisten sind meine Freunde; beiden Kategorien von Mitmenschen fehlt etwas von der Qualität, die die Vorherrschaft des Menschen auf der Erde begründet.

(Se 1966)

Es gab viele Dinge auf der Welt, und es gibt sie, wie ich höre, in einem anderen Lande noch, die da beweisen helfen müssen, daß ein Mensch zahlungskräftig, kreditwürdig und in der Lage ist, sich seinen Lebensunterhalt von seinen Mitmenschen verdienen zu lassen, als da sind Kleider, Autos, Schmuck, seltenes Gestein und rare Metalle, und wenn gewisse Cliquen eines Tages übereinkämen, daß nunmehr Roßäpfel das Rareste und darum das Edelste auf Erden sind, so würden sie und ihre Damen nicht anstehen, auch diese Afterfrüchte von Vierbeinern in Gold und Platin einfassen zu lassen und sie als Schlipsnadeln, Krawattenknöpfe und Kolliers zu tragen.

(N 1972)

Oh, wenn ich Listen über alles führen würde, was mir einmal sympathisch war, und auch über das, was mir im Laufe des Lebens sympathisch wurde, so würden sie einen Schnellhefter füllen und wissenschaftlich beweisen, daß der Mensch unterderhand und oft, ohne sich selber von diesem Vorgang zu verständigen, ein anderer wird.

(N 1972)

Ich weiß bis heute nicht, ob es eine Stärke von mir ist, daß ich mehr in die Menschen, die mir begegnen, hineinlege, als in ihnen ist, oder ob es eine Schwäche von mir ist, nicht geduldig genug nach den großen Zügen bei ihnen zu suchen, die ich vorausahnte.

(N 1972)

Ich bin vierzehnjährig der jüngste Tourist, kann nach Noten spielen, bin gut zu Fuße und vollwertig. Wir wandern mit Händen und Füßen auf Choćebuz zu. Wir tun keinen Schritt ohne Mandolinenmusik. Die Dorfmädchen, die mit uns wandern, sind zahlende Mitglieder. Sie singen, aber mandolinistisch sind sie nicht tätig.

Wir sind revolutionär uniformiert, tragen Wanderblusen, Schillerkrägen und kurze Hosen. Burschen über vierzehn Jahre, die *eingesegnet* wurden, tragen in Bossdom – eisernes Gesetz – Hosen mit langen Beinlingen. Wir aber tragen sogar Tirolerhüte, die mit einer blechernen Edelweißblüte verziert sind.

Wenn ich daran denke, welche Abneigung wir mit unserer Aufmachung bei den Bossdomer Alten, bei

Mit den »Naturfreunden« im Spreewald,
(□) Strittmatter, etwa 1926

Schestawitscha zum Beispiel, erzielten, so höre ich sogleich auf, über unsere Jungen mit ihren Irokesen-Kämmen, den Ohrgehängen und den weißen Leinenschuhen, mit denen sie winters durch den Schnee stapfen, den Kopf zu schütteln.

Die Leute in anderen Dörfern, durch die wir musizierend marschieren, sind uns freundlicher gesinnt. Sie füttern und tränken uns, damit wir noch eins extra spielen. Wir sind uns sehr wichtig und wandern nach Choćebuz zum Spreewaldbahnhof. Auch die Eisenbahner der Schmalspur-Spreewaldbahn, die die Bremse ihrer Lokomotive noch mit einem dicken Strick betätigen, sind uns zu Danke; sie sind ihre Tour noch nie mit Musik gefahren.

Wir lassen uns auf Kähnen durch den Spreewald staken und besäumen auch dort die Natur mit *Blumen auf der Briesau*, einer verhaltenen Etüde für *einfaches* Mandolinen-Orchester oder dem *Russischen Tanz* für Mandolinen und zwei Zupfgeigen. Wir lassen uns nicht in den Gasthäusern an den Wasserwegen ausbooten, wir setzen unsere Ehre darein, Touristen und Selbstversorger zu sein. Jeder hat seinen Tornister und sein Kochgeschirr mit Spiritusfeuerung bei sich. Wir erspielen uns Grüne Bohnen und Kartoffeln, und kochen sie auf dem Dorfplatz ab, und manche Spreewaldbauern halten uns, unserer Tirolerhüte wegen, für bayerische Zigeuner.

(L II 1987)

Als mich die Nachricht von seinem Tode erreichte, mußte ich immerzu an ihn denken. Es waren wohl dreimal vier Sommerwochen, die wir damals zusammen verlebten. Ich lernte ihn als Bäckerlehrling in Bad Pretzsch kennen. Jahre später verlebte er einige Sommermonate mit mir bei den Eltern, wo ich als Bäckergeselle arbeitete. Sodann verlebte ich einen Urlaub mit ihm in Leipzig. Er war damals jung verheiratet und arbeitslos. Sein Wissen schien mir universell. Er beschäftigte sich mit Altertumsforschung, mit Botanik, war auch literarisch nicht unbeschlagen, sang zur Gitarre, und ich lernte viele Wandervogel- und Volkslieder von ihm. Wir gehörten dem Arbeiter-Touristen-Bund *Die Naturfreunde* an.

Das Leben trieb uns auseinander. Zwanzig Jahre wechselten wir nur hin und her einen Brief, und endlich trafen wir uns hier in meiner Wahlheimat wieder. In meinen Erinnerungen waren die Jugendeindrücke aufgehoben, der Freund darin als sozialistischer Schwärmer. Jetzt stand ein etwas anspruchsvoller Kleinbürger vor mir, der sein Leben fast nutzlos verausgabt hatte. Er kannte die Pflanzen nicht mehr, die er mich kennen lehrte, er wußte die Lieder nicht mehr, die wir damals zusammen gesungen hatten. Ich stellte fest, daß sein Wissen aus einer dünnen Decke von äußerlichen Fakten bestand, die er sich mechanisch angeeignet hatte. Er sammelte Zeitungsausschnitte aus siebzig *Wissensgebieten*, wie er es nannte. Was in diesen Zeitungsausschnitten stand, das hatte er sich angeeignet, das wußte er. Für ihn war überhaupt nur maßgeblich, was in Zeitungen stand, und das blieb so bis zu seinen letzten Tagen. Auch sein Urteil über meine schriftstellerische Arbeit entnahm er den Zeitungen. Was übrig blieb vom Idol meiner Jugend, war ein liebenswertes Kuriosum.

Nun starb er, siebenundsechzig Jahre alt. Sein Tod machte mich trotzdem traurig. Noch immer hielt ich ihn, obwohl das eine Täuschung war, für einen Kameraden aus einer Jugend, in der für uns beide alles möglich war. Oft bestürmte ich ihn mit gemeinsamen Erlebnissen aus jener Zeit. Doch er antwortete nicht darauf, er wußte nichts mehr von ihnen. Aber mir war, als ob diese Jugend nur in ihm schliefe. Ich vertraute darauf, daß sie eines Tages wieder erwachen würde. Nun sind die Hoffnungen darauf zunichte, und eben dieser Umstand ists wohl, der mich traurig sein läßt.

(G 1969)

Gesichter sind Landschaften, und die Geodäten, die diese Landschaften deuten, sind die Dichter.

(G 1969)

Jetzt habe ich nicht mehr soviel Respekt vor Gelehrsamkeit, besonders nachdem einer meiner besten Freunde, den ich einmal kannte, Texte aus vierundzwanzig Büchern zitierte und abschrieb und daraus ein fünfundzwanzigstes Buch machte, für das er den Doktortitel erhielt, womit ich außer gegen diesen Freund gegen keinen Doktor sonst etwas gesagt haben will.

(N 1972)

Der Windhalm wogt.
Er schimmert violett und rot.
Und der mein Freund war,
Ist seit Frühling tot.
Jetzt ist die Zeit,
Da wollten wir zum See
Und dort im Schilf sein
Und ein wenig rauchen
Und unsre Schnüre in das Wasser tauchen;
Die Hechte necken
Und die Nerven recken;
Ein wenig plaudern
Und ein wenig bleiben
Und in Gedanken an Geschichten schreiben.
Jetzt wogt der Windhalm,
Schimmert violett und rot …

(uv)

Jeder Verliebte glaubt, er könne, wenn er an den Platz zurückkehrt, an dem die Liebe ihn und er die Liebe packte, alles noch einmal und unversehrt wiederhaben, aber er kann es nicht wiederhaben, denn die Welt ist im Fluß, obwohl wir nicht wissen, in welchem.

(N 1972)

Es hat ja etwas auf sich mit dem ersten Eindruck, den ein Mensch auf uns macht. Denn bei dieser ersten Begegnung sind noch Kräfte im Spiele, die die Wissenschaft mit den Begriffen Instinkt oder Intuition ins Tierische oder ins Metaphysische verlegt. Jedenfalls hatte unser Verstand noch keine Gelegenheit, an unserem Urteil herumzubessern.

(B 1976)

Menschengesichter sind die Schreibhefte des Lebens. Es schreibt in Runenschrift. Ich lerne sie mit den Jahren immer besser lesen und vermute, daß Wahrsager und Propheten perfekt drin sind.

(Se 1966)

Erinnerungen – schöpferisch verwendet – helfen leben. Erinnerungen als sentimentale Betrachtungen – helfen sterben.

(Se 1966)

Eine Freude widerfuhr mir, und ich benutzte sie als einen Schlüssel, den ganzen Tag ins Annehmlichkeiten-Kabinett des Lebens zu sehen.

(Se 1966)

Eine zuwenig gerühmte Tugend scheint mir die Ausdauer zu sein.

(Se 1966)

Man trifft im Leben auf Menschen, denen auferlegt zu sein scheint (und woher weiß niemand, auch sie selber wissen es nicht), anders auf sogenannte Lebenstatsachen zu reagieren als ihre Mitmenschen, und sie leiden von Zeit zu Zeit darunter, aber wenn sie sich zwingen, so zu sein, wie man es von ihnen erwartet, sind ihre Tage voll Unzufriedenheit und ihre Nächte voll Unruhe, und ihre Anstrengungen machen sie zu noch heftigeren Sonderlingen.

(Z 1974)

In meiner Heimat erzählt man viele Geschichten von Charlie Wind, vielleicht schon Legenden, aber wer ihn erwähnt, muß Sanddorf erwähnen. Karl Wind hat mein Heimatdorf aus dem Alltag herausgehoben, denn dort hat er eine Weile gelebt und seine Künste spielen lassen.

Auch ich habe oft an Charlie Wind denken müssen. Hatte nicht auch ich mich entfesselt und entfesselt; hatte ich nicht meine Berufe, meine geistigen Standpunkte gewechselt und mich stets getrieben gefühlt, anderes zu leisten, als meine Umwelt von mir verlangte? Träume ich nicht noch davon, in Gedanken und Gefühlen auf einem Schrägseil von der letzten Dorfhütte zur Spitze des höchsten Radarturmes und von dort in unerforschte Höhen aufzusteigen, um verschlüsselte Nachrichten aus dem Kosmos zu empfangen und sie entschlüsselt weiterzugeben?

(Z 1974)

Ich hatte schon einige Bücher geschrieben, bin für sie geschmäht und gelobt worden. Zuerst mehr geschmäht als gelobt, nachher mehr gelobt als geschmäht. Ich bin prominent, heißt es, und ich, der niederschlesische Neurotiker, der so empfindlich *uff die Wörter is* und das Wort prominent nicht ertragen kann, werde zur *Nacht der Prominenten* eingeladen:

Meistersportler und Künstlermeister treten zusammen mit Artisten im Zirkus auf. Man fragt mich, ob ich zaubern, durch die Luft fliegen oder Clown-Späße machen will. Ich will Pferde vorführen. Mein Lehrmeister ist der tschechische Pferdedresseur Roberto Stipka. Ich bereite mich zehn Tage lang bei zwei und drei Proben am Tag für meinen Auftritt vor. Schließlich zeige ich in zwei öffentlichen Zirkusvorstellungen, daß mir die acht Araberhengste des Zir-

Tanz mit dem Araber-Hengst (Zirkus PRAHA) 1975

kus *Praha* nicht schlechter gehorchen als ihrem Dresseur. Es gibt viel Beifall.

Kollegen aus der Gilde der Schreibschaffenden fragten mich: Weshalb tatest du dieses? Erst Wochen später wußte ich, weshalb ich in der Manege gestanden hatte.

Ich habe Standard-Träume, die sich wiederholen. Da ist der Traum von einer raschen Abreise und den vielen, vielen uneingepackten Dingen. Da ist der Traum, in dem ich in einem zu kurzen Hemd durch die Stadt gehe. Das Hemd bedeckt meine Scham nicht, und ich gehe geduckt, weil ich fürchte, von der Polizei als Entblößer festgenommen zu werden. Ein anderer Traum: Ich stehe auf der Bühne und spiele in einem Theaterstück mit, das ich nicht kenne. Diesen Traum nenne ich meinen Lebenstraum. Ich kenne den Sinn meines Lebens nicht.

Seit jenem Vorfall in der Kindheit mit dem Pony im Zirkus (man hinderte mich, es zu bändigen) verfolgte mich von Zeit zu Zeit im Traum das große Ausgelächter des Publikums, doch nach meinem Auftritt mit den acht arabischen Hengsten und nach dem Beifall, den ich erhielt, kehrt dieser Traum nicht wieder.

(L II 1987)

Er ist vierundzwanzig Jahre alt und spricht mehrere Sprachen, auch Deutsch, so gut, als hätte ers von Kindesbeinen an gesprochen. Als er vor sechs Jahren nach Leipzig kam, sprach er kein Wort Deutsch.

Von der Seite gesehen, sieht er aus wie ein altes, schon etwas gebeugtes Altai-Männchen, wie ein Mensch, der äußerlich nie jung war und keine Kindheit hatte.

Er scheint als Wurzel, nicht als Zweig eines alten Baumes geboren zu sein, und deshalb wird er lange alterlos bleiben. Auch seine Augen sind alt und wissend hinter den schweren, fast rechteckigen tuwini-

Mit dem späteren Schriftsteller Galsan Tschinag 1968

schen Lidern versteckt. Nur der Mund mit seinen guten Zähnen verrät, wenn er lacht, wie jung er eigentlich ist.

Und diese Mischung von angeborenem Alter, seelischer Jugend und Kindhaftigkeit zieht sich durch sein ganzes Wesen.

Die rote Blüte einer Kartäusernelke, die er am Gartenhaus fand, hinter den Brillenbügel, unter das schwarze Haardach, geklemmt, so tollt er mit den Kindern umher, die ihm in ihrem instinktiven Erahnen von Menschlichkeit sofort zufallen. Er fängt die Kinder mit dem Lasso ein, zeigt ihnen die Handhabung des Lassos, fährt auf dem Kinderfahrrad des fünfjährigen Jakob, schiebt Jakobs Spielschubkarren, gefüllt mit Falläpfeln, aus dem Garten zum Wohnhaus und ist beim Karrenschieben ernst auf das Wohlergehen der Äpfel bedacht, die aus der Karre zu hüpfen trachten. Dabei setzt er die Beine wie ein Mongolen-Pony, das vorn arg *französisch* gestellt ist.

Jakob malt mit Buntstiften kleine Sonnen auf briefmarkengroße Papierstückchen und verteilt sie als Abzeichen an die Familienmitglieder. Galsan klebt sich sein Sonnenabzeichen mit Speichel an die Stirn, und es bleibt dort wirklich kleben, bleibt während des Abendbrotes und auch später haften.

Wir unterhalten uns bis elf Uhr abends in meiner Stallstube. Draußen geht ein Spätsommer-Gewitter nieder, und die Blitze erhellen das große Blumenfenster. Beim eifrigen Reden fällt das Sonnenabzeichen einmal von Galsans Stirn auf die Platte meines Schreibtisches. Er nimmts auf und klebts wieder fest, so, als müßte er ein Abkommen, das er mit Jakob schloß, einhalten.

Auf dem Pferde sitzt Galsan eingebuckelt, die rechte Schulter meist ein wenig nach vorn, also bequem, und so wie es der Körper verlangt, wenn er lange Strecken zu Pferde zu überwinden hat. Dabei hält er aber die Unterarme und die Zügel hoch, das scheint mir für lange Reitstrecken aufwendig und unbequem zu sein.

Galsan ist tolerant und versucht, Verhaltensweisen und mündliche Äußerungen von Menschen, die ihm fremd sind, zu verstehen. Keines seiner Urteile erscheint vorschnell gefaßt. In der Regel ist sein Urteil das Ergebnis längerer und gründlicher Beobachtungen. Nach einem solchen *Werdegang* scheinen seine Urteile dann allerdings festzustehen.

(G 1968)

Auf einem Kleinstfahrrad,
Straße Dollgow-Schulzenhof 1969

Sonderlinge zieren das Leben, hat jemand gesagt; ein Kossät oder ein trockener Holzhändler kann das nicht gewesen sein. Es war Gorki. Wir verdächtigen, daß er es sagte, weil er selber ein Sonderling war.

(L I 1983)

Die Wahrheit ist lebendig, wenn sich aber Leute ihrer bemächtigen, denen es fremd ist, allumfassend zu denken, versuchen sie, sie mit Kult und Liturgie einzufangen, doch sie läßt sich ebensowenig einfangen wie das Tageslicht.

(Se 1966)

An einem Freund beobachtet:

Nur wer nicht weiß oder nicht zur Kenntnis nimmt, daß er berühmt ist, den kann der Ruhm nicht gefährden.

(Se 1966)

Auf einem Kleinsttraktor in Lungkwitz
Peter Schreier, Eva Strittmatter, 1980

Die Welt ist mir ein kaltes Haus ohne die gleichmäßige Wärme jenes Ofens, den man Liebe nennt.

(Se 1966)

Mit dem Motorrad fahre ich in die verlottertste Zeit meines Lebens hinein. Das Treiben und Weben der jungen Leute in Grodk verabscheue ich: Ich gehe nicht auf die sogenannte Rennbahn, auf der die Gymnasiasten, wenn sie ihre Schularbeiten hinter sich haben, promenieren, kalbern und sich paarig machen. Von Ilonka Spadi wird mir berichtet, daß sie mal mit dem und mal mit dem, am häufigsten aber mit dem krausen Gastwirtssohn betroffen wird. Ich bin nicht Mitglied des Kanu-Klubs, gehe nicht zum Tennis-Spielen, nehme nicht an Kremserfahrten teil, und die *hoche Schule* wird für mich was Nebenbeiisches, wie man auf der Heide sagt. Ich nehme am krausen Jugendleben der Dorfjugend teil, beteilige mich an deren derben Streichen. Wir nehmen zum Beispiel einen Ackerwagen auseinander und schaffen ihn nachts auf das Dach eines Bauern, der seine Tochter zu streng hält. Wir beladen den Ackerwagen körbeweis mit Mist, und dort steht er dann auf dem Dache, der Mistwagen. Niemand nimmt uns das übel, die Bauern schimpfen und stellen fest, daß sie es früher nicht anders getrieben haben und eben, es ist schon vergeben, ehe wir es getan haben.

Das Motorrad (»Der Laden, 2. Teil«), etwa 1928

Ich lege Wert darauf, ein echter Bossdomer Bursche zu sein. Ich fahre wie sie, wenn sich am Sonntag in Bossdom keine Tanzmusik rührt, mit dem Motorrad in die Nachbardörfer. Burschen mit Motorrädern haben Schlag bei die Mädels, heißt es. *Geld macht sinnlich*, behauptet der listige Augsburger. Bei uns machten damals die Motorräder die Mädchen sinnlich. Je stärker das Motorrad, desto begehrter der Bursche.

(L II 1987)

Meine Gewohnheiten haben zwei Gesichter.

(Se 1966)

Es flammt und loht die Linde
In nässelnder Nebelluft.
Die Blumen, die ich noch finde,
Sind blaßblau und ohne Duft.
Das ist die gilbende Stunde,
Da Liebe und Freundschaft verwehn
Und Küsse am kühlen Munde
Wie Sommerbauschwolken vergehn.

(W II 1973)

Ich frage mich, wieso die Menschen im allgemeinen literarische Figuren gelten lassen und ihnen sogar Mitspracherecht in ihrem täglichen Tun einräumen, die Existenz von Geistern aber verneinen.

Demnach spielt die schriftliche Fixierung von Geistern eine wichtige Rolle, und die Literatur ist – so mystisch das auch klingen mag – eine Art Geisterbeschwörung.

(Se 1966)

Matthes sitzt nackt im knisternden Heu. Die Sonne gleißt, und der Wind rauscht fern. Die Mutter sagt: Ein Glühwürmchenwetter!

Matthes blickt auf. Da fliegen sie!

Matthes sieht, was er sehen will: am Tage die Sterne und nachts die Sonne.

Es steckt in jedem Kinde ein Dichter. Steckt auch in jedem Dichter ein Kind?

(3/4 1971)

»Man fragt mich oft ...« 1970

Wir saßen auf unseren Pferden, hatten das vermoorte Tal vor uns und sahen durchs Fernglas das brütende Seeadler-Weibchen. Kopf und Schwanz des großen Vogels ragten über den Nestrand, und der Schwanz stand aufrecht wie der eines balzenden Amselhahns. Man bezweifelte, wenn man die Harmlosigkeit dieses Schwanzes betrachtete, was der brutale Schnabel und die grimmigen Augen desselben Vogels ausdrückten.

Für eine Sekunde wendete die Adlerin den Kopf, sie hatte den Schrei des jagenden Männchens gehört, aber sofort starrte sie wieder über die fünfzig Meter breite Moorschlucht zu uns herüber. Sie wurde nicht klug aus uns. Die grasenden Pferde, auf deren Rükken wir saßen, ließen uns harmlos erscheinen, und wir waren auch harmlos, bis auf unsere Neugier, freilich. Sie ist wie ein Messer, mit dem man schnitzen, aber auch töten kann.

(⁸⁄₄ 1971)

Ich sehe, daß es falsch ist, die Neugier als eine menschliche Untugend zu bezeichnen: Sie ist eine Kraft, die an der Entwicklung von Kunst, Wissenschaft und der Zivilisation beteiligt ist, sie ist eine Kraft, die uns am Leben erhält.

(Se 1966)

Ich nehme mir vor, meine Neugier zu erdrosseln. Es ist mir bis heute nicht gelungen. Vielleicht darf ich euch mit einer schüchternen Neuigkeit kommen: Ich plaudere Neuigkeiten, die ich ergiere, nicht gleich an Nachbarn weiter; ich sammle sie und lasse sie drukken. *(L II 1987)*

Man fragt mich oft: Wie kamst du zum Schreiben? Das klingt, als ob die Frager verabsäumt hätten, einen Kursus zum Schreiben von Erzählungen zu belegen, und willens wären, es nachzuholen.

Freilich gibts eine Schriftstellerschule, aber auch dort erfährt man nur, wie Goethe, Balzac, Tolstoi oder Rilke ihre Einfälle und Einsichten handwerklich meisterten, nicht aber, wie man der eigenen Einsichten schreibend Herr wird. Dazu muß jeder in sein eigenes unbekanntes Land, und ob ihn nun eine kleine Schreiblust sticht oder ein großes Talent plagt, er muß seinen Fleiß, seine Ausdauer und seinen Mut zu sich selber erproben.

Wie kamst du zum Schreiben? Ich überlege: Kam ich zum Schreiben? Kam es zu mir?

(M 1975)

Der LADEN der Mutter in Graustein, etwa 1917
(Die Mutter, Schwester Magy und zwei Dorfmädchen)

Hinterm Elternhaus gab es einen sanften grasbestandenen Abhang, über den sich wie ein Scheitel ein schmaler Fußsteig zog, der in einem versumpften Graben endete. Wir benutzten ihn als Abkürzungsweg, wenn wir aufs Feld gingen, und über den Graben sprangen wir.

Der reisende Kaufmann Kalaschke kannte die Tücke des schmalen Fußsteiges nicht, zumal ihn Hahnenfuß und Gänseblumen verharmlosten. Kalaschke fuhr auf dem Fahrrad, pfiff, stürzte, überschlug sich und stöhnte. Sein Musterkoffer war geplatzt, Haarschleifen, Pony- und Haarnadeln, Broschen und Kämme, Seifen- und Parfüm-Muster lagen im Sumpf. Wir sammelten sie ein, und Kalaschke stöhnte: Mein Gott, mein Gott, was mach ich nun?

Am Abend nahm ich ein Stück Pappe, schrieb drauf: Achtug! Hier drott Giefahr! und nagelte es an einen Pflaumenbaum am vermoderten Graben.

Meine Mutter, die meine frühen Bücher noch kennenlernte, behauptete, das wäre meine erste schriftstellerische Tat gewesen. Wenn sie recht gehabt hätte, wäre Schreiben gleich Warnen, aber Schreiben ist mehr.

(M 1975)

Schreiben, Dichten wäre ein Ausdruck der Sehnsucht, wird gesagt; es ist mehr; es ist mehr!

(M 1975)

Ich sah, was Worte für Wirrwarr stiften, wenn man sie unbedacht niederschreibt. Ich spürte, daß Schreiben wie Zaubern ist.

(M 1975)

Es wird gesagt, der Schriftsteller schreibe sich etwas vom Herzen. Wenns das nur wäre! Schreiben ist mehr.

(M 1975)

Die Hundegeschichte wurde im *Kunstblatt der Jugend* veröffentlicht. Zum ersten Male sah ich meinen Namen gedruckt. Ich erlebte die Reaktionen der Mitmenschen, wie sie ein Schreibender immer wieder erlebt: Die einen stellen sich in Positur, als ob man nunmehr ein Fotograf wär; andere meiden einen, als ob man ein Denunziant wäre, noch andere sehen mitleidig auf einen nieder, und nur eine kleine Parte bleibt einem wohlgesinnt, weil man aussprach, was sie dachte.

(M 1975)

Die Mutter, Magy, Heinjak, Tinko, der »weiße Flock«, etwa 1923

Ein Hauch aus der Kindheit wehte mich an und bestärkte meine leise Erfahrung: Kein Lächeln, kein Seufzer, kein Wort und kein Wink gehen verloren auf dieser Welt.

(M 1975)

Ich war zwanzig Jahre alt und arbeitete in einer Landbrotbäckerei in der Nähe von Cottbus. Vormittags buk ich Brot, nachmittags fuhr ichs auf einem

Als Bäckergeselle in Kahren bei Cottbus
(»Geschichten vom Schreiben«)

Als Bäckergeselle in Kahren mit der Meisterin

Beim Dreschen

motorisierten Dreirad in die Stadt und verkaufte es. Teig kneten, Brot backen, es Leuten verkaufen, die es sogleich verschwinden ließen – wars das, was ich mir wirklich wünschte? War das was für ein Leben lang?

Faust-Problem auf niederer Ebene; doch was ist niedrig, und was ist hoch?

(M 1975)

Mein Mut entschwand und wich meiner Wut. Es fing mich an zu gelüsten, Scheunen anzuzünden, Prügeleien anzufangen. Ich rauchte, betrank mich, trug mich mit Selbstmordgedanken.

Der Strick war schon da, der Baum ausgesucht. Es sollte an einer Chaussee geschehn ... Ich wollte nicht mehr zu den Bäckern zurück; ich wollte nicht wie ein Medium sein Od, Brote erscheinen und wieder verschwinden lassen; ich wollte nicht mehr für Bauern ein Narr sein. Die Ammern sangen. Ich wurde wunschlos ... Die Ammern sangen noch, als ich erwachte: *Wie, wie wärs, wie wärs, wenn du schriebst?*

Schreiben!

(M 1975)

Selbstunterricht nach Methode RUSTIN 1936

Es gibt Schreiber, die schreiben wollen, und es gibt Schreiber, die schreiben müssen, heißt es. Eine Zeitlang gefiel mir die Klassifizierung; ich hielt mich für einen der Edlen, für einen von denen, die schreiben müssen, aber da wußte ich noch nicht, daß auch Graphomanen Leute sind, die schreiben müssen, Schreibkranke.

(M 1975)

Jede Rose, die wir sehen
Steil am Heckenstrauche stehen,
Muß doch mit dem Winde gehen,
Löst sich auf, erlöst, im Wind ...

(M 1975)

Der Doktor lag auf dem Bauch, und ich lag auf dem Rücken, und wir wurden massiert. Ich rechnete nicht damit, daß der Doktor unser Gespräch in dieser Umgebung fortsetzen würde, doch als er auf dem Rücken lag, tat ers: Wie fängstn an, n Roman zet Be?

Er wollte es wissen, ich wollte ihm helfen und fragte: Wie denkstn, daß ich anfang? Mir wurden die Zehen gebogen. Ich ächzte. Dem Doktor fuhr man mit zwei Daumen an der Wirbelsäule auf und ab, doch er antwortete: Erst mußt du, denk ich, den Schwerpunkt kennen, den ideologischen Schwerpunkt, denk ich.

Ich stöhnte; der Masseur bearbeitete meine Oberschenkel mit den Handkanten. Bei mir fängts meist mit unideologischen Leichtpunkten an, sagte ich. Dem Doktor wurden die Waden geknetet; er bekam etwas Luft: Bei deinem ersten Roman zet Be, was war denn da der unideologische Leichtpunkt? fragte er und rümpfte die Nase.

Es war, zet Be, eine Laus, antwortete ich.

Nu fertig! sagte der slowakische Masseur, als wäre er am Gespräch beteiligt gewesen.

Der Doktor ging. Er grüßte nicht. Er fühlte sich zum Narren gehalten.

(M 1975)

Es war zwei Jahre nach Kriegsschluß. Kleine Feiern fanden statt. Ich sollte in der Schule über den Sinn dieses Tages sprechen, stand im Klassenraum meiner alten Dorfschule, sah die Bänke, zerrillt, zerschabt, in manchen Banktisch die Anfangsbuchstaben eines Namens geritzt. Über dem Katheder hing das Bild von Pieck. Ach, hätte es nicht dort gehangen; die Wand war verschmutzt von Bildern früherer Politiker!

Ich stand auf dem heiligen Podest, von dem aus man mich einst belehrte; sollte ich jetzt lehren? Mein

Blick fiel auf den Globus, der wie ein Symbol, halb zertrümmert, auf der Läusebank stand. Es saß dort niemand.

Als ich in meine kalte Amtsstube zurückkam, fing ich an, über die Läusebank zu schreiben. Sulamith Mingedö fiel mir ein, ich erinnerte mich an die Kinder der Wander- und Gutsarbeiter. Und die Geschichte von der Läusebank wurde von Tag zu Tag länger. Ich schrieb und schrieb, und manchmal schrieb ich, um meinen Hunger zu vergessen, und manchmal kam jene Schwerelosigkeit über mich, wie ich sie von der Kindheit her kannte, aus der das Schöne in Kunstwerken lebt …

Ich wurde Zeitungsredakteur. Die Geschichte von der Läusebank ging mit mir. Ich schrieb Reportagen, Berichte, Kritiken, redigierte und referierte, und nachts, wenn ich spät aus Sitzungen kam, schrieb ich *zur Erholung* an meiner Geschichte. Ich schrieb ohne Auftrag, schrieb überdrauf. Kunst ist immer ein Überdrauf!

Wenn ich zeitig ins Bett kam, stand ich um drei wieder auf, verschrieb meinen Sonntag, die Feiertage – drei Jahre lang dazu meinen Urlaub. Fotos aus jener Zeit zeigen mich bleich wie ein Bettuch, mit Augen wie Andersens Märchenhund.

Der Roman erschien vor fünfundzwanzig Jahren. Man liest ihn noch. Auf der ersten Seite ist von der Läusebank die Rede.

So kam ich zum Schreiben, so kams über mich. *Was* Schreiben ist, weiß ich immer noch nicht. Er wirds mir erklären, versprach mir mein Doktor. Ich weiß, es wird an dem Tage sein, an dem man künstliches Leben erzeugt; wir werden ihn nicht erleben, den Tag.

(M 1975)

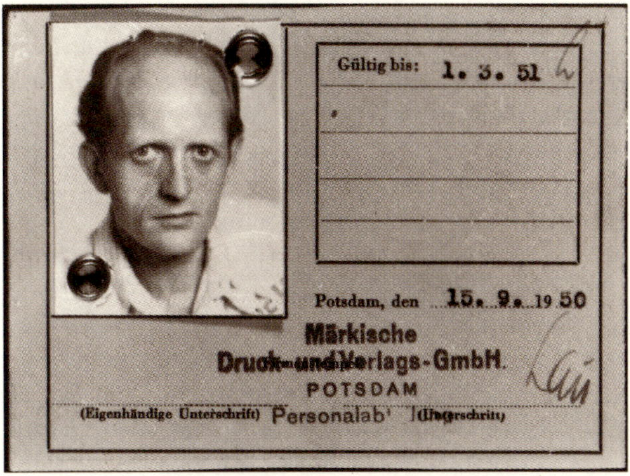

Als Kreisredakteur (Calau, Spremberg)

Hast am Feldrand geblüht, bunter Birnbaum,
trug die Luft deinen Duft querfeldein;
hat mich kummrig gemacht, bunter Birnbaum,
denn nur Luft und dein Duft waren mein.

Sengte Sonne das Feld, bunter Birnbaum,
fiel dein Schattengeflecht auf den Rain,
hat die Glieder gelabt, bunter Birnbaum,
denn nur Schatten und Müh waren mein.

Neuer Frühling im Feld, bunter Birnbaum,
wieder hüllt mich dein Blühgehauch ein;
trägt den Ruch frischer Frucht, bunter Birnbaum;
nicht nur Duft, auch die Frucht ist jetzt mein.

(Kg 1953)

Früher bestimmten meine Mitmenschen die Art und den Ort meiner Arbeit. Ich glaube, ich habe nirgendwo versagt, aber ich fühlte mich an diesen Arbeitsplätzen wie der verzauberte Prinz im Märchen.

Den Zauber zu sprengen, bedurfte es einer außerordentlichen Kraftleistung: Die Kraftleistung war mein erster Roman, den ich nach meiner Tages-Arbeit hauptsächlich nachts schrieb. Als er fertig war, hatte ich, ohne es zunächst zu wissen, meine ureigentliche Arbeit gefunden und die Verantwortung für mein künftiges Leben selber übernommen.

(Se 1966)

Ich schrieb eine Erzählung. Der Stoff fügte sich meinen Vorstellungen nicht. Die Tastenknöpfe der Schreibmaschine starrten mich wie fünfzig Augen eines feindlichen Wesens an. Unbehagen packte mich. Aber Unzufriedenheiten mit sich selber leiten zuweilen neue Erkenntnisse ein.

Ich ließ meine Arbeit liegen und ging zum großen See. Dort lenkte das tauende Eis meine Aufmerksamkeit auf sich. Es hatte wandtafelschwarze Flecke, während andere milchweiß schimmerten. An anderen Stellen war das Eis gelb oder taubenblau, und wo schon Wasser auf ihm stand, war es hellblau, weil der vom Föhn aufgerissene Himmel sich in ihm spiegelte.

Später, als ich auf einem Hügel stand, verschmolzen die verschiedenen Farbflecke der Eisdecke in der Ferne zu einem harmonischen Perlmutt.

Vom Mond her gesehen, wirkt die Erde friedlich, und wer weiß schon, welche Disharmonien auf der Oberfläche von Mikroben herrschen, dachte ich, und so mag sich auch ein aus vielen Tupfen widersprüchlichster Tagesstimmungen zusammengesetztes Menschenleben aus der Ferne wie ein harmonisches Ganzes ausnehmen. Und ich ging nach Hause und schrieb.

(3/4 1971)

Als ich hier ankam an meinem *Arbeitsplatz*, war mir alles neu, und mein Glück bestand darin, die Dinge um mich her zu entdecken. Später hielt ich sie, verführt durch eine abgestumpfte Umgebung, für Selbstverständlichkeiten. Jetzt, an der Tür des Alters, gewahre ich, daß das Glück nach wie vor darin besteht, die Dinge auf meine Weise zu entdecken.

(Se 1966)

Noch immer hilft mir die Kritik von Dummköpfen nicht.

(Se 1966)

Wenn man mich von oben herab behandelt, reagiere ich von unten herauf.

(I uv 1981)

Ich werde sofort gereizt, wenn ich höre, daß man *eine Gefahr* darin wittert, wenn Schriftsteller über sich selber oder ihren Beruf schreiben. Ich höre solche Fragen schon seit Jahren auf den internationalen Germanistenlehrgängen, auf denen ich zu Gast bin. In der Regel kommen die Befürchtungen, es könnte eine Gefahr darin liegen, wenn Schriftsteller über ihre Angelegenheiten schreiben, aus *linksradikalen Gegenden.* Leute, die uns vor Jahren noch als Linksradikalisten bezeichneten, wenn wir über unsere soziologischen und ökonomischen Bemühungen und Erfolge schrieben, denen sind wir jetzt nicht mehr links genug, sie können es gar nicht links genug kriegen – wenigstens in der Theorie. Ich habe keine Lust, mich von solchen Leuten belehren zu lassen.

(I 1973)

Wir sind oft irritiert worden. Zuweilen behauptete man, man brauche uns Schriftsteller dringend; dann wieder gabs Zeiten, in denen behauptet wurde, so wichtig wären wir gar nicht, es sei denn, wir würden unmittelbar auf die Produktion einwirken. Es gibt ja heute noch Leute, die behaupten und daran glauben, man wird uns eines Tages durch bequeme Computer ersetzen. (Ein neuer Glaube und neue Götter!) Zur Zeit werden wir wieder wichtiger genommen, und ich weiß, wir werden wichtig bleiben. Das sage ich ohne Überheblichkeit.

(I 1973)

Freilich, man kann vom Atom nicht mehr als vom kleinsten Baustein der Materie sprechen; die Naturwissenschaft hat ergründet, daß es sich in kleine und noch kleinere Einheiten aufspaltet; auf vielen Gebieten sorgt die wissenschaftliche Forschung dafür, daß das Tatsachenwissen und unsere Begriffswelt immer mannigfaltiger werden, aber ein Atom bleibt trotzdem ein Atom, und ein Stück Holz besteht weiterhin aus Atomen und der Baum aus Holz.

(I 1973)

Wehe, wenn man sich von dieser Mannigfaltigkeit, die die wissenschaftliche Forschung vor uns ausbreitet, verwirren und über die Maßen beeindrucken läßt. Es gab bei uns noch vor Jahren Parolen, in denen den Künstlern anempfohlen wurde, sich unbedingt mit Kybernetik zu befassen, und wenn ein Künstler das nicht täte, könnte er in zehn Jahren nicht mehr *mitreden*, wie es hieß. Aber welche Großmutter weiß, wie ein Fernsehapparat arbeitet, und sie bedient ihn doch.

Ich hasse diese Angstmacherei, der sich *Fortschrittstaumelige* befleißigen. Ihnen ist die Zusammenschau des Weltganzen verlorengegangen, und sie versuchen, ihre Verwirrung auch anderen einzupflanzen. Man spricht von einer heilen und einer nicht mehr heilen Welt, und die nicht mehr heile Welt soll die

Welt sein, in der wir leben. Laßt uns besser von heilen und nicht mehr ganz heilen Individuen sprechen! Das Unheile fängt sich an in uns auszubreiten, sobald wir uns von der Mannigfaltigkeit wissenschaftlicher Einzeltatsachen und den Varianten technischer Apparaturen verwirren lassen.

(I 1973)

Ich hatte so manchen Beruf, und alle sind nicht in einem geschriebenen Lebenslauf unterzubringen, und manchmal bin ich neidisch auf die geraden Lebenswege meiner Zeit- und Mitgenossen, aber das gilt nur für die kurzen Zeiten spießerischer Anwandlungen. Noch hat sich, meines Wissens, niemand die Mühe gemacht, zu ergründen, ob die Besitzer der wirren oder die Besitzer der gradlinigen Lebensläufe mehr Ersprießliches für die Menschheit leisteten.

(B 1976)

Der Mensch sucht und sucht nach einem System, das ihm erlaubt, reibungslos in Gesellschaft zu leben.

(L II 1987)

So gehts mit manchen Erfindungen, die wir Menschen machen. Wir gedachten, durch sie Zeit oder Kraft zu sparen, aber sie fangen an, sich aufzuspielen, sobald sie da sind, und kosten uns Kraft und kosten uns Zeit. Nicht alle natürlich, aber daß es einige tun, beweist, daß dem Menschen manche seiner Erfindungen aus den Händen gleiten, und darin liegt eine Gefahr, eine große Gefahr.

(B 1976)

Beim ersten Hinsehn siehts widersinnig aus, und doch ists so: Je älter ich werde, desto gewisser wirds mir: Man muß warten können.

(Se 1966)

»... aus den magren Kartoffeln gekrochen.«

Ein anderes Ecce homo!

Das bist du, Erwin Strittmatter, einsachtundsiebzig vergehender Leib zwischen Sohlen und kahler Kopfhaut; wandelnder Sack voll Kartoffelsand aus dem Lande der Lausitzer Sorben. Kriege, Unruh und blanke Lust trieben dich tierhaft auf Erden umher, Sucher, Belaurer, Papierverbraucher, Nestbescheißer von manchen geheißen und ein Irrer von einigen deiner Söhne, gehaßt von der Rotte der Plapperer, meinst du, auf einem Heuboden hockend, lauernd und starrend, vor Einsamkeit heulend, Tage und gute Tinte verkritzelnd, was von hinter den Dingen zu fassen. Wund deine Sohlen jetzt, leer dein kantiger Kopf schon zuweilen, nicht mehr mit Blute versorgt, wie er sollte, nur an die eine Hoffnung geschmiedet: Die da nach deinen Nachkommen kommen, möchten befinden, du wärst nicht ganz umsonst aus den magren Kartoffeln gekrochen.

(Se 1966)

Welch ein Erfolg,
Würde mein grüner Planet,
Ohne Kriege im Fell,
Seinem Ziele zurolln,
Wenn ich den letzten Satz,
Liegend im Grase, schreib!
Heidelerchengesang,
Seitab ein grasendes Pferd.
Vor noch der Ortolan
Auf meiner Schreibhand singt,
So, als wär sie ein Zweig,
Würde ich schreiben: Es war …
Weiterschreiben müßt der,
Aber kein Wort zuviel,
Der mich am Dornstrauch entdeckt.

(Se 1966)

Meine wichtigsten Besitztümer waren Bücher. Es waren die Bücher, ohne die ich nicht glaubte leben zu können, und damals waren es andere Bücher als heute, ohne die ich nicht leben konnte, und wenn ich es recht bedenke, so sind es heute, da ich nur noch von Zeit zu Zeit reise, höchstens zehn Bücher, die mir so wichtig erscheinen, daß ich sie mir zu Reisegefährten wünsche.

(B 1976)

Mir scheint, es wird im Geschwindigkeitsrausch mehr gemordet und selbstgemordet als im Alkoholrausch, und verbrecherisch wirds, wenn Geschwindigkeits- und Alkoholrausch zusammenwirken.

(Se 1966)

Begibt man sich heute mit einem Kraftfahrzeug in den Großstadtverkehr, ist die Gefahr, daß man *getroffen* wird, mindestens so groß, wie wenn man in früheren Zeiten in einen Krieg zog.

(Se 1966)

Schon halten wir den Tod eines Vierzigjährigen, der an Herzinfarkt an einem Bürotisch stirbt, für natürlicher als den Tod aus Altersschwäche im Walde.

(Se 1966)

Es bedarf kluger Köpfe, um das Maß der technischen Evolution so festzusetzen, daß sie sich nicht *gegen* den Menschen richtet.

(Se 1966)

Unser Grundcharakter scheint nicht bösartig zu sein. Wir begrüßen und freuen uns mit, wenn Neugeborene erscheinen, um ihr Leben auf unserem Planeten mit uns zu teilen, und wir bedauern und betrauern im allgemeinen, wenn Mitmenschen hinterm Vorhang verschwinden; es sei denn, unser Gemeinwesen führt Krieg gegen ein anderes Gemeinwesen, da verändert sich unser *Grundcharakter* rätselhafterweise, und es mißfällt uns die Geburtenzunahme bei unseren Feinden, und ihre Toten bedenken wir mit Applaus. Was geschieht da mit uns?

(Se 1966)

Es ist gewiß nötig, daß wir die Oberfläche unseres Planeten verändern, damit wir leben können, aber wenn wir dabei einseitig zu Werke gehen, *sorgen* wir für unser Sterben.

(Se 1966)

Eines haben, finde ich, die Politiker leider gemeinsam: Sie tun, als wären sie es, die uns Existenzmöglichkeiten auf diesem Planeten verschaffen. – Belassen wir sie bei dieser Einbildung, ihr Nachruhm ist in der Regel kurz, aber bestärken wir sie nicht darin!

(Se 1966)

Wir kommen aus dem Wasser, und daß wir noch jetzt ohne Wasser nicht leben können, ist allgemein bekannt.

Wir kommen aber auch aus den Wäldern, und daß wir ohne die Wälder nicht leben können, ignorieren wir häufig.

(Se 1966)

In den Regalen meiner Arbeitsstube stehen viele Bücher. In manche sehe ich hinein, finde, daß sie mir nichts zu sagen haben, klappe sie zu und vergesse sie.

In anderen Büchern finde ich hie und da eine Wahrheit und ab und zu eine Bestätigung eigener Gedanken. Manchmal gefallen mir an ihnen nur der Inhalt einer einzigen Seite oder einige besonders geglückte Formulierungen. Nach Jahren nehme ich sie wieder zur Hand, um das, was mir an ihnen gefiel, zu lesen.

Dann gibts Bücher, die zunächst wie Fremdlinge in meiner Stube stehen. Aber eines Tages machen sie sich bemerkbar. Bin ich in ihre geistige Nähe gekommen?

Ich schlage sie auf, lese sie in einem Zuge und lese sie nach Wochen schon wieder. Viele von ihnen sind alt und aus vergangenen Zeiten herübergekommen, und doch verjüngen sie mich und sind mir behilflich, meine Zeit zu verstehen. Die verjüngende Kraft, die ihnen innewohnt, heißt Poesie.

(3/4 1971)

Auf der ARABERIN RAHWANA 1973

Am rechten Reiter ist etwas Feierliches.

Er sitzt, als trüge er eine verletzliche Blume vor sich her. Der Zügel ist der Stengel der Blume. Der Reiter hält seine Fäuste schützend um ihn. Die verletzbare Blüte am Zügel-Stengel ist das Pferdemaul. Du glaubst nicht, wie empfindlich es ist.

(K 1966)

Jetzt sind die Rehe rot.
Der Juni hat den Hecken
Viel Rosen aufgesteckt;
Ihr Duft hat angegilbte
Erinnerung geweckt:
So manches Mädchen kannt ich
Im Gras und hinterm Strauch,
Und manche denkt beim Rosenblühn
Gewiß jetzt meiner auch.
Es schleicht vielleicht der Rosenruch
In ihren Alltagssinn;
Sie denkt mich, wie ich damals war
Und nicht, wie ich jetzt bin.

(Se 1966)

Komm mit mir in die Stille, liebe Freundin! Dort liegt der Block des Ungestalteten. Laß uns winzige Stücke aus ihm brechen, laß sie uns zu Gedanken und Liedern formen! Laß uns nicht aufhören, in dieser Weise nützlich zu sein!

(Se 1966)

Ich habe Erinnerungen, die so prall sind, daß sie nach Gestaltung verlangen, und solche, die mager sind wie Spießergespräche. Seit ich das weiß, übe ich *Erinnerungsdiätetik.*

(Se 1966)

Es lag Staub auf meinem Sattel, als ich aus der Stadt kam. Sie läßt mich nicht kalt, unsere Hauptstadt, doch es lag Staub auf meinem Sattel, als ich von dort kam.

(Se 1966)

Eigentlich wollte ich nicht geliebt werden wie ein Vater von seiner Tochter, sondern ich wollte geliebt werden wie ein Mann von seiner Frau. Aber man konnte sich das als Herumlungerer und Landstreicher nicht aussuchen, man gierte nach jedem Happen Liebe wie nach jedem Happen Brot.

Man hätte manches verzögern können, das ist richtig. Man konnte vielleicht mit etwas Gegenkraft und List hintanhalten, was auf einen hinzuwollte, aber ob man etwas verhindern konnte, ich weiß es bis heute nicht.

(B 1976)

Ich hab manche Nacht verwacht, zu ergründen,
wie du sein sollst, wenn du es sein sollst, Geliebte.
Trachte kein Spiegel zu sein, Zarte,
wenn du nicht bei der ersten scheuen Begegnung fühltest:
Ich bins!
Hab deine Heimat nicht im Vergangenen.
Schmück dich nicht täuschend mit deinem Leib.
Singe dich selbst uns zur Nacht,
leih keinen Ton dir dazu.
Such mich zu ertragen, tus so,
daß du die schlafenden Lügen nicht in mir weckst;
denn sie sind mit ihren irrigen Flügeln
immer bereit, dich vor Weh zu schützen.
Ertaste die Stunden, die mich fordern, allein zu sein.
Wehr deinem Lidrand die Träne.
Halte mich mit Ermuntrung zum Gehn
und bedenke, daß wir uns stets verwandeln.
Such nicht den Mann in mir,
wenn er abgelegt wie ein gehorsamer Hund
neben dem Schreibtisch liegt.
Sei meines Werkes fühlende Gärtnerin.
Teil ihm die Sonne, den Regen zu.
Sei seine gefährlichste Wärterin.

Vor allem erschrick nicht, wenn du glaubst,
ich sei von uns fortgegangen.
Folg mir oder laß mich allein die Stelle erkunden,
an der es sich fürder zu leben lohnt.
Aber schone mich nicht, verwart keine Zeit,
wenn du voraus bist.
Winke einmal, wie es Eilende tun, dem Zögernden
zu,
dann geh und tu!

(Ly 1951)

Ich will aufmerken, daß ich mich nicht auf die Bank der Alten und Resignierenden niederlaß. Da aber die Gefahr besteht, daß ichs selber nicht bemerke, will ich meine beste Freundin bitten, mich zu warnen, wenn die, die vorgeben, meine Arbeit zu schätzen, zu den Verkrusteten gehören.

(Se 1966)

Mit Eva Strittmatter in Großkochberg

Wortbrüchig vor mir selber dazustehen, wird mir von Jahr zu Jahr peinlicher.

(Se 1966)

Himmel und Hölle mögen mich davor schützen, im Alter nicht allein bleiben zu können, mögen mich hindern, den Jungen nachzulaufen und sie damit zu belästigen, ihnen das mechanistische Funktionieren meines kleinen Arbeits- und Gesichtskreises zu erklären!

Aber werde ich, wenn ich zwanzig Jahre älter bin, wissen, daß ich jemand mit meinem Dasein belästige?

(G 1968)

Es gibt keine Zeit, in der nichts geschieht, denn geschähe nichts, gäbe es keine Zeit, aber beim Erzählen wird Chronologie zum Mistbeet für Langeweile. Ich will euch nicht langweilen und verzichte auf Chronologie. Ich durchforsche jene meiner Erlebnisse, die mir zu erklären scheinen, wer ich bin. Wenn ihr meint, daß ich das eine oder andere meiner Erlebnisse überbewerte, daß mein Bericht darüber euch *nichts gibt*, wie die moderne Redewendung lautet, so blättert weiter.

(L II 1987)

In der einen Hand den Karton mit den Kaninchen, in der anderen einen Band selbstgebackener Gedichte, so zog ich zu meiner Arbeitsstelle – eine Nachkriegsfigur wie aus dem Katalog.

(B 1976)

Es ist Kriegs-Ende, das Ende des zweiten Krieges, den ich erlebe. Ich habe Dokumente gefälscht und mich fünf Monate vor Kriegs-Ende aus dem Soldatenstand entlassen. Ich habe Zivilzeug angezogen, das ich schon ein Jahr lang in meinem Gebirgsjägerrucksack umherschleppte, und ich lebe bei einer deutschen Bäuerin in Böhmen, versteckt und unversteckt, je wie die Verhältnisse es erfordern. Ich gehöre zu den Leuten im Ort, die die weiße Fahne auf den Kirchturm tragen, als die Amerikaner anrücken. Ich werde von meiner Bäuerin hinter Rüben versteckt, als die Deutschen noch einmal zurückkommen und die weiße Fahne vom Kirchturm holen. Und als die Deutschen abziehen, schaffen wir die weiße Fahne wieder auf den Kirchturm, und die Amerikaner ziehen ein. Unheldische Taten, an denen ich beteiligt bin, und ich tue diese unheldischen Taten in der Gegend von Oberplan, in der Gegend, in der der Stifter Bertl, ein weitläufiger Schriftsteller-Verwandter von mir, gelebt hat, der auch kein Held nicht war.

Die Amerikaner nehmen mich nicht gefangen, weil die Antifaschisten des Ortes bescheinigen, daß ich schon längere Zeit als Zivilist unter ihnen lebte, und ich bleibe frei. Vielleicht wird einmal Zeit sein, über das alles zu reden, vor allem darüber, daß ich dann doch noch erschossen werden sollte, obwohl ich nicht gern von Kriegstaten rede.

(J 1985)

Auf dem Arbeitsamt sitzt ein Mann, dem hats ein Bein weggerissen. Man hat ihn gewiß auf diesen Platz gesetzt, als zuletzt alle zweibeinigen Männer für den sogenannten Sturm des Volkes eingezogen wurden. Jeder Mann wurde benötigt, um das Leben des besessenen Arierführers in seinem bombensicheren Bunker in Berlin um eine hundertstel Sekunde zu verlängern.

Der Arbeitsanweiser mustert mich. Die Narben in seinem Gesicht lassen ein wenig Freundlichkeit durchschimmern. Dann starrt er auf meine Kartei-

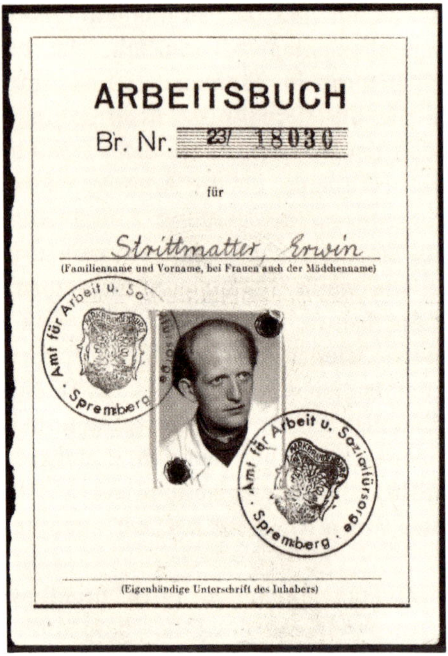
ARBEITSBUCH

Br. Nr. 23/ 18030

für

Strittmatter, Erwin

(Familienname und Vorname, bei Frauen auch der Mädchenname)

Amt für Arbeit u. Sozialfürsorge · Spremberg ·

(Eigenhändige Unterschrift des Inhabers)

Anfang der Redakteurzeit 1947

karte und liest halblaut die Litanei meiner Berufe herunter: Bäcker, Pelztierzüchter, Farmer, Land-Arbeiter, Veterinärgehilfe, Bereiter, Kraftwagen-Lenker, Chemie-Fach-Arbeiter undsoweiter undsoweiter. Und was sind Sie nun wirklich? fragt er.

Schriftsteller, sage ich. Schreiben Sie *Schriftsteller* als neuen Beruf in meine Karteikarte.

Aber das sind Sie doch nicht, sagt der Mann.

Aber das möcht ich von jetzt an sein, antworte ich.

Der Mann mustert mich wieder. In seinen Augen glimmt Mitleid auf. Er sieht in mir einen Hirngeschädigten, und er geht auf meinen Größenwahn ein, er will mich nicht zum Widerspruch reizen. Es gäbe aber in Grottenstadt keine einzige Schriftstellerei. Damit hatte der Mann recht. Die einzige Schriftstellerei mit mehreren Gesellen lernte ich erst später kennen; es war die vom gewitzten Augsburger, in die ich sechs Jahre später eintrat, weil er mich dazu einlud.

(J 1985)

Woher kam jener Zustand von Poesie und Schwerelosigkeit in der Kindheit und in der Jugend, der uns so unwiederbringlich erscheint? Ist er nicht zurückholbar? Soll man ihn als endgültig verloren gelten lassen? Kann man ihn wieder herbeilisten, herbeitrotzen?

(N 1972)

Mutter

Der Wind konnt gehn, wie er ging;
Der Regen falln, wie er fiel;
Du über unserem Spiel.
Die Stube im Schummer.
Das Märchen von *Hans im Glück.*
Kein Kummer;
Kein Unten, kein Oben –
Traum und Leben verwoben –
Ein Stück.

(uv 1967)

Ich kanns nicht lassen, mir immer wieder Vergleiche aus der Kindheit heraufzuholen, um sie als kleine Wärmequellen in meinem manchmal kühlen Erwachsenenalltag zu nutzen.

(J 1985)

Ein kleiner Tisch poltert heraus, überschlägt sich und fällt auf die Dorf-Aue. An ihn habe ich am wenigsten gedacht. Der Muttervater hat ihn in einem Kriegswinter gebastelt und der Mutter zu Weihnachten geschenkt. Das Tischchen stammt aus der Familie der Heringstonnen; sein Fuß ist der gebeizte Boden, seine Platte der Deckel eines ehemaligen Heringsfasses. Boden und Platte sind durch drei Beine aus je fünfzehn leeren Garnrollen verbunden, durch deren Seelen Eisendrähte gezogen sind. Die Beine kreuzen sich in halber Tischhöhe und werden dort von einer blauen Haarschleife zusammengehalten. Die Tischplatte hat die Mutter, damit sie sich vom Tischfuß unterscheidet, mit einer gehäkelten Dreikantspitze versehen. Das Tischchen mit seinen Garnrollen-Beinen sieht aus wie ein Ding aus einem schlechten Traum, doch die Mutter hält es wert, weil es den Händen meines göttlichen Großvaters entsprang wie die Pallas Athene dem Kopfe des Zeus.

Mutters Großvaterverehrung teilte sich dem abscheulichen Tischchen mit. Es wurde hoffärtig, pochte während der Fahrt im Wagen auf sein vornehmes Wesen und kroch über andere Möbel hinweg nach hinten, um beim Öffnen der Türen der frischen Luft und der neuen Umgebung zuerst teilhaft zu sein. Nun liegt es mit verbogenen Gespensterbeinen und heruntergerissener Häkelkante da, und mein Großvater tritt hin und redet mit ihm: Hast du dir die Beene verstaucht auf die holperige Chaussee? sagt er, und er streichelt das Tischchen und biegt ihm die Beine zurecht, und er trägt es als erstes Möbel in unser neues Nest.

(L I 1983)

Mein Konfirmationsfoto findet an der Giebelmauer statt. Der Ziertisch wird herbeigebracht; ihr erinnert euch, der Tisch mit den Garnrollenbeinen, den mein Großvater ausgebastelt hat. Die runde Tischplatte, der Heringstonnendeckel, ist mit einem Häkeldeckchen verfeint, und es steht eine Hyazinthe drauf, ihr Blumentopf ist mit einer Manschette aus Krepp-Papier garniert. Erwinko Koalik, ordnet die Mutter an, soll das Fenster der guten Stube mit *uff sein Bild ruff-nehm*, sie wird da bissel rausgucken.

Es muß auch für Konfirmationsbilder eine platonische Idee geben, danach muß man, wenn man als

Als Konfirmand mit dem Ziertischchen,
das im »Laden« auftritt 1927

Konfirmation der Schwester
mit demselben Ziertischchen 1928

Konfirmand fotografiert wird, das kirchliche Gesangbuch in der Hand halten. Ich tue es auf Anordnung der Mutter. Es ist meine letzte kirchliche Handlung.

Wenige Tage nach meiner Konfirmation schreibe ich an das Amtsgericht. Ich bitte, aus der evangelischen Kirche austreten zu dürfen. Die Herren Amtsrichter sollen mir, bitte, bestätigen, daß ich draußen bin.

(L II 1987)

Jedes Prinzip ist tödlich, sagte der listige Augsburger. Er war beim Studieren der alten Chinesen schon in jungen Jahren auf deren Erkenntnis gestoßen: Weiches Wasser zersetzt harten Stein. Nutzte er diese Erkenntnis in jedem Falle? Was mich betrifft, so lehnte ich nach meiner Konfirmation alles Kirchliche ab und verwarf auch jenen Seelenzustand, den man Religiosität nennt, aber später geriet ich nochmals in eine Zeit, in der ich mich dazu hinreißen ließ, gewissen Prinzipien treuer zu sein als dem Leben.

(L II 1987)

Es ist ja so, daß jemand mit uns über etwas spricht, oder uns über etwas aufklärt, was er nicht selber erlebt hat, sondern was er sich hat erleben lassen, und es spricht durch ihn ein anderer zu uns. Es ist nicht so kompliziert, wie es sich hier liest, und wir erleben es täglich.

(L II 1987)

Ich war erregt und stellte mich unter einen Baum, und ich sah hinauf in sein wirr scheinendes Geäst. Er aber nahm mein wildes Herz nicht wahr, er rauschte und wuchs.

(Se 1966)

Ich ging über die Heide meiner Heimat. Dort hingen meine Kindheit und meine Jugend in Fetzen. Damals war alles dumpf, und ich spürte nicht, was das Leben mit mir wollte. Jetzt ahne ichs. Sollt ich nicht glücklicher sein?

(Se 1966)

Man sagt mir, daß ich, der Mensch, durch mein Vermögen, logisch zu denken, das (bis jetzt) höchste oder bestorganisierte Wesen auf der Erde bin. Und man sagt mir, daß ich allen anderen Lebewesen voraus habe, meinen sichtbaren Leib willentlich zerstören zu können. Gut, aber über meinen unsichtbaren Leib verfüge ich nicht; über die Atome hat das, was ich mein Ich nenne, keine Herrschaft.

(Se 1966)

Alle menschliche Größe und Erhabenheit reizt mich, es auch zu menschlicher Größe und Erhabenheit zu bringen. Aber wenn mein Versuch nicht nur eine Nachahmung von Größe und Erhabenheit werden soll, darf ich nicht außer acht lassen, daß Größe und Erhabenheit die Summe kleiner Alltagsqualitäten sind, auf die ich aus sein muß, um zu der *mir* gemäßen Größe und Erhabenheit zu gelangen.

(Se 1966)

Meine Feste sind die Augenblicke, in denen ich spüre, daß mir eine Arbeit gelingt, und Gespräche über die Welt und die Kunst, Gespräche über die Arbeit mit Eva oder mit guten Freunden, aber hauptsächlich mit Eva.

(Se 1966)

Eine Stunde ist eine Stunde, aber wichtig ist, wo ich sie verbringe, ob vor, ob hinter den Kulissen des Lebens.

(Se 1966)

Es kommt mir ein Mann entgegen, der mit einem Knifflergesicht in die Welt sieht. Er bekniffelt auch mich. Er geizt mit seinen Worten, als ob jedes eine Mark wert wäre.

(J 1985)

Ich leiste mir eine Halblüge – ich sage nichts.

(L II 1987)

Vor der zertrümmerten Gartenhütte auf dem Obstgut Gehlen b. Saalfeld (»Grüner Juni«), etwa 1981

Meine Mutter hat mir eingepflanzt: Ein anständiger Mensch verabschiedet sich, wenn er davongeht, von Menschen, die freundlich zu ihm, die ihm wohlgesinnt waren. Ich verabschiede mich von den Höhlers. Herr Höhler sagt: Verlieren wir uns nicht aus den Augen, verständigen wir uns brieflich! Frau Höhler sagt: Ich bin sicher, daß wir uns nicht zum letzten Male sehen, ganz sicher. Woher nimmt Frau Höhler diese Sicherheit?

Ich wills gleich vorwegnehmen: Wir sehen uns nie wieder. Ich werde erst siebenunddreißig Jahre später in diesen Garten Eden zurückkommen. Es ist Sommer, fast noch grüner Juni, und die Kirschbäume in der Allee, die neben der Freitreppe einhergeht, hängen voll Süßkirschen. Kein Mensch will sie pflücken. Die Menschen werden sich für reich halten, werden keine Lust haben, kleine Kirschen von Baumzweigen zu klauben. Kirschen, so wähnen sie, bekommen sie müheloser aus Konservenfabriken.

Siebenunddreißig Jahre später! Frau Höhler ist gestorben, und Herr Höhler ist gestorben, und ich stehe vor dem Skelett jener Hütte, in der ich mein Nachkriegsleben begann, vorausgesetzt, daß man ein Leben, wenigstens hypothetisch, in Abschnitte einteilen kann.

(J 1985)

Eva kam aus dem Wald und erzählte: Der Mond war schmal wie ein Sichelblatt. Der Himmel hing tief und war rot geloht. Wildenten flogen im Keil unterm Mond; am Luchrand blauten die Tannen im Tau …

Der Sichelmond und der Himmel in Rot, der Entenkeil über Tannen und Tau – vier *Deshalbs*, die ich entgegensetze, wenn sich das Leben mir widrig zeigt, wenn die *Wozus* und *Warums* mich plagen.

(K 1966)

Föhnwind fiel ein, und der Schnee taute; er taute zwei Tage, und die Erde wurde sichtbar und begann zu duften, und über den Hof ging man wie über nasse Säcke. Niwre Rettamttirts will ich heißen, sagte ich zu meinen Söhnen, wenn heute nacht die Stare nicht kommen!

Meine Söhne nahmen mich beim Wort. Ich hatte leichtsinnig mit meiner Vater-Autorität gespielt. In der Nacht wurde ich mehrmals wach, ging ans Fenster und lauschte hinaus. Der Himmel war bewölkt, und ich hörte nicht den geringsten Laut von ziehenden Vögeln. Und auch am Morgen vor meinem Arbeitsbeginn lauschte ich in die Dunkelheit, und es waren keine zuwandernden Vögel in der Luft.

Na, Vater, was ist mit den Staren? fragte mein Sohn Matthes am Frühstückstisch, aber da kam Ilja vom Pferdeputzen aus dem Stall und sagte: Leider, es wird nichts mit dem verrückten Namen; auf Nachbars Fernsehantenne sitzen zwei Stare.

Wir rannten hinaus, und die Stare saßen auf der Antenne und pfiffen, und ich sah dankbar zu ihnen auf, weil sie meine Vater-Autorität gerettet hatten, aber da fragte Ilja: Was war dieser *Niwre Rettamttirts* eigentlich für ein Clown?

Konnte ich verraten, daß ich es war, wenn man meinen Namen von hinten las?

(K 1966)

Namen sind so wichtig wie nur was, belehrt uns der Vater. Ich sage nicht, daß ich was anderes fühle. Ich werde mich nicht auslachen lassen. Ich laß den Vater beim Glauben, ich wär sein Sohn Esau.

(L I 1983)

Ihr wißt, daß seit meiner Kindheit zwei Menschen in mir sind. Der eine, den ich den Hauptmenschen nennen will, damit er etwas zu schmunzeln hat, treibt

Handarbeit und versucht, sich in der Welt zurechtzufinden, die ihr die Wirklichkeit nennt, und er läßt sich knechten und beleidigen. Mein anderer Mensch aber versteckt sich hinter dem Wirklichkeitsmenschen und benutzt jede Gelegenheit, hervorzulugen und zu erproben, ob ein bißchen Zeit für ihn da ist, oder ob seine Zeit ganz und gar gekommen ist.

(J 1985)

Später wurde mir deutlicher, daß das, was mich da spaltete und trieb und trieb, etwas aufzuschreiben, eine Kraft war, die keinen Namen hat, und daß, wer den wissenschaftlichen Ehrgeiz hat, sie zu benennen, in die Hochstapelei stolpert, weil diese Kraft nur für den, den sie antreibt und belästigt, einen dunklen Namen hat, und weil dieser Name sich nicht mitteilen läßt. Jedenfalls geht diese Kraft mein Leben lang bald als Trösterin, bald als Belästigerin, bald als fliegendes Roß und bald als Pack-Esel, bald als Himmel und bald als Hölle mit mir.

(J 1985)

In der Diele (Schulzenhof) 1980

Das Uhrgetack, das Uhrgetack
Näht Zeit aus Stille
Nacht und Tag;
Der Mond, der macht zwölf Schritt;
Der Tod tappt mit.

(Se 1966)

Morgens beim ersten Kuckucksruf sitze ich an der Schreibmaschine, aber zum Mittag fällt mich der Schlaf an.

Kaum daß ich schlummere, wiehert der Hengst. Er wittert die rossige Bärenfellstute. Tausendjahrtöne der Hengsttrompete! Mein Schlummer zerfällt. Hengsthufe zertreten meine täuschenden Träume. Mein Werk umkreist mich. Sein Feind ist der Schlaf.

(K 1966)

Die Birken stehn im grünen Flaum.
Der Kuckuck ruft noch reiseheiser.
Ein Falter schüttelt sich den Puppentraum
Von seinen Flügeln, und der Wind geht leiser.

(uv)

Graufliegen summen und zwei Pferde grasen.
Die jungen Schwäne swisseln leis im Schilf.
Im Gras ein Kopftuch und ein Hut.
Kein Mensch zu sehn.
Die Ammer singt.

(uv)

Ich will mich davor hüten, den Lesern meine Bücher aufzuschwatzen, auch will ich mich davor hüten, etwas in meine Bücher hineinzugeheimnissen. Aber lieb wäre mir, wenn einige Leser, die auf das stoßen, was ich aufschrieb, ganz für sich sagen würden: Das ists, was auch ich dachte, ohne es ausdrücken zu können; der da hats mir abgenommen.

(Se 1966)

Menschen mit gesundem Magen sprechen nicht über ihn; sie haben keinen Anlaß. Also müssen Menschen, die viel von ihrer Seele reden, einen Anlaß haben.

(Se 1966)

Der vom Töpfer umschlossene Vasenraum nimmt die Blumen auf. Die vom Dichter zwischen den Zeilen belassene Leere sollte das Eigentliche sein.

(Se 1966)

Ich war nicht hier, nun bin ich hier, und dann werde ich nicht mehr hier sein. Da ich mir meines Vorseins nicht bewußt bin und meines Nachseins nicht bewußt sein werde, mir aber wohl meines Hierseins bewußt bin, scheint mir wichtiger, unablässig danach zu forschen, wozu ich hier bin, als mein Hiersein damit zuzubringen, den Mitmenschen, die sich zu meinen Beherrschern aufschwangen, zu gefallen.

(Se 1966)

Mehr als die großen Vorgänge auf dieser Welt beobachte ich die kleinen, die in ihrer Summe die großen sind.

Ich nehme das erste kleine Zittern wahr, und das große Beben überrascht mich nicht.

(Se 1966)

Der Sommer geht zu Ende,
vom Duft des Wermuts durchbittert.
Der Tod schaut mir auf die Hände,
doch keine Hand zittert.
Da tanzt der Tod mit dem Staube
im fallenden Kirschenbaumlaube.
Dort grast unter hängenden Zweigen
schnaubend mein blütiger Schimmel.
Ich will ihn noch einmal besteigen
unter dem herbsthohen Himmel.

(uv)

Die Tage kommen und gehen, und die Nächte kommen und gehen ungerührt und stet, und das seit jener Zeit, da Gott das Licht von der Finsternis schied, wie manche Menschen glauben, oder seit jener Zeit, da der Urknall statthatte, wie andere Menschen glauben, und keiner weiß das Wirkliche.

Den Tagen und Nächten aber ist es gleichgültig, ob die Menschen sie benutzen, sich einen Krieg zu machen, oder ob sie sie benutzen, um Frieden zu halten. Ein Mensch wie ich aber, der fürchten muß, einen dritten Weltkrieg zu erleben, fängt an zu glauben, die Menschheit habe den Wechsel von Krieg und Frieden nötig wie das Ein- und Ausatmen, wie den Wechsel von Tag und Nacht. Sie braucht den Krieg, um den Ungereimtheiten, die sie sich erzeugt, bis sie nicht mehr mit ihnen fertig wird, zu entkommen, um nach dem Kriege wieder für eine Weile in der Illusion leben zu können, sie werde sich nunmehr ihrer Vernunft unterstellen und alles zum Besten führen und ewigen Frieden halten.

(J 1985)

Mich hat nun einmal das Leben in diesem Deutschland abgesetzt, und ich habe auch nie ernstlich versucht, mich zu rühren und den Umkreis meiner Geburtsheimat zu verlassen. Ich hatte nie die Neigung. Also scheint dieser Fleck Mitteleuropas wohl zu mir und ich zu ihm zu gehören. Er scheint mich, und ich scheine ihn zu brauchen, und je älter ich werde, desto gewisser wird mir das.

(J 1985)

Gegen Nachmittag wurde es still im Haus, die Sonne schien, und die Kälte klirrte. Ich longierte die Pferde, und dann nistete sich die Familie zum Empfang des neuen Jahres in der warmen Kate ein. Es war das ruhigste Silvester seit Jahren, vor allem für Eva, die

Silvester-Interview mit Eva Strittmatter,
Sohn Matti 1966/67

sonst Besuch aller Schattierungen bewirtete und nicht bei uns sitzen konnte. Um zehn Uhr war ich mit Assan draußen unter den Sternen. Ich sah Vergnügungsraketen in Rheinsberg aufsteigen. Ich sah sie über die Waldwipfel hinweg. Sie schienen sich vor Kälte zu schütteln und hatten es wohl eilig, als leere Hülsen in die Straßen der kleinen Stadt zurückzufallen. Auch aus dem Dorfe Dollgow kamen jene Luftschwingungen herüber, die das Ohr als Knall empfindet. Knallende Punkte hinter dem letzten Satz des verflossenen Jahres, aber was ist ein Jahr, noch nicht einmal ein Wort, geschweige ein Satz im großen Lebensroman.

(G 1969)

Der Frost kommt. Der Frost herrscht.
Die Erde wird starr.
Es wächst keine Blume, kein Blatt mehr im Felde.
Still wird der Wald.
Das Meisengezirp ist zerfroren.
Vater, es fiel eine Flocke aus Schnee,
Fiel auf mein Lid und zerschmolz dort, Vater.

Schnee ist des Rauhreifs milderer Bruder.
Was für ein kalter Pelz ist der Rauhreif.
Siehst du den Hasen?
Er läßt sich einschnein.
Sieh die Saat unterm wolligen Schnee!
Nachts zerscharren die Hasen den Schnee.
Mausspuren ziehn sich wie Nähte durchs Feld.
Kalt sind die Nächte.
Die Nächte sind lang.

(T uv 1956)

Vor dem Ausritt (auf DESERTA)

In den großen Städten bezahlt der Mensch das Wasser, das er täglich braucht, und er bezahlt, wenn er für vier Wochen reine Luft haben will, er bezahlt, wenn er Tiere sehen oder an bestimmten Orten sein Wasser abschlagen will. An den Straßenkreuzungen kriecht er unter die Erde, damit ihn die Maschinen, die er sich erfand, nicht umbringen. Aber er lobt die Zivilisation. Was ist mit ihm los, wohin treibt er? frage ich mich, wenn ich das bedenke.

(Se 1966)

Vor meinem Hause stehn geduldige Wesen und warten. Sie nehmen ihre Mahlzeiten an Ort und Stelle ein, und sie sind mit dem, was die blanke Erde gibt, zufrieden; mich aber schaun sie mit der Hoffnung an, daß ich nicht nur Schränke und Truhen aus ihnen mache, daß ich nicht nur Feuer mit ihnen füttere, sondern daß ich aus ihnen Poesie keltere.

(Se 1966)

Auch die absoluten Verfechter der Vernunft, sehe ich, frönen mindestens in einem Punkte der Unvernunft – sie bleiben am Leben; denn angesichts der verheerenden Wirkungen der Unvernunft müßten sie sich *vernünftigerweise* umbringen.

(Se 1966)

Es sind nicht mehr Fernendrang und Forscherdrang allein, die uns Menschen zur Kontaktaufnahme mit den Sternen treiben, auch die Furcht vor unseresgleichen fängt an, dabei eine Rolle zu spielen. Schließlich träumen unsere kriegerischen Geister davon, von einem Stern aus die Erde zu beherrschen. Welche Enttäuschung, wenn sie feststellen müßten, daß die Erde längst von *Sternenmenschen* beherrscht wird!

(Se 1966)

Ich bin stets besorgt um die Zulänglichkeit eines Menschen, der eine vernutzte Redewendung, ob sie nun sein Lehrer, sein Vater, seine Geliebte oder sein Beherrscher gebraucht, blank und ohne das geringste Zeichen übernimmt, daß er sie persönlich ein wenig abgewandelt hat.

(J 1985)

Jeder soll das Seine tun, und jeder soll das Seine gut und richtig tun. Ich sehe, wohin es führt, wenn sich ein Volk wie das deutsche in die Angelegenheiten anderer Völker mischt, und ich erkenne, daß man bei sich selber anfangen muß, wenn man will, daß das Volk, dem man angehört, sich verändert. Und so habe ichs gehalten, und ich ging seither bei mir selber in die Schule, und ich habe versucht, mich nicht und nicht einzumischen, und es gelang mir schon ganz gut, aber nach dem großen Kriege ließ ich mich verleiten, mich wieder einzumischen, denn aus gewissen Vorhaltungen, die man mir machte, ging hervor, daß man sich einmischen muß, aber nun nach allerlei Erkenntnissen mische ich mich immer weniger häufig ein, und ich hoffe, daß es mir in den letzten Jahren meines Lebens ganz und gar gelingt, mich nicht zu vermischen.

(J 1985)

Wenn die Deutschen ohne (belehrenden) Zeigefinger zur Welt kämen, müßten sie mit Hilfe des Mittelfingers ihre *Weltverbesserertätigkeit* apostrophieren. Das würde ihre Emsigkeit ins Lächerliche ziehen, und man hätte wenigstens einen Spaß an ihnen.

(Se 1966)

Wer fortgeht und das Zeugnis drüber, daß er hier war, nur der Erinnerung von Zeitgenossen überläßt, ist bald vergessen. Man muß alles schriftlich machen.

(Se 1966)

Kann einem Dichter Schöneres geschehen? Sein Werk ist da, existiert und zwingt die Menschen zum Nachdenken, macht ihnen Freude und wird benutzt, Gymnasiasten, auch Volksschüler mit ihm zu quälen, Shakespeares Dramen werden von Rowanjemi bis Kapstadt in den Theatern gespielt, erregen und belehren die Zuschauer. Sein Werk ist unter uns wie ein Geist, wie ein Gott, vom Dichter aber weiß man nichts Genaues. Er ist vergangen, herausgestorben aus dem Korallengehäuse seines Werkes, aus dem bunten Korallenriff der Weltliteratur im Meere der Ewigkeit.

Als ich das von mir gegeben habe, bestaune ich mich selber ein bißchen. Ich muß euch nicht versichern, daß das, was ich da sagte, rein theoretisch war, und daß mir praktisch nichts ferner lag als das namenlose Heraussterben aus meinem Werk. Aber das war damals, und jetzt, wo ich das alles aufschreibe, ist es schon anders.

(J 1985)

Die Amsel singt und singt.
Es tropft im blauen Flieder.
Vom See herüberdringt
Der Schwäne Flügelsang.
Am Sparren löst sich sacht
Aus ihrem Tagestode
Die Fledermaus zur Nacht
Und girrt die Abend-Ode.
O Klang, o Duft, o Wehn,
O lauer Hauch, o Lassen,
Wie kann, wie könnt ich euch
In meine Weise fassen.
Es hebt sich hinterm Wald
Ein Stern aus blauer Schneise.
Ich bin noch unterwegs.
Das tröstet leise.

(uv 1955)

Niemals außer Dienst, auch beim Spiel mit deinen Kindern nicht; niemals in Langerweile, auch in einer Kerkerzelle nicht; niemals, auch angesichts des Hängestricks, ohne Zuversicht, Künstler!

(Se 1966)

Was werden für tröstliche Worte gesagt,
Und wenn es schlimmer kommt,
Werden tröstlichere gefunden,
Bis wir den Trost nicht mehr hören und gehn.

(uv)

Dein neuestes Buch ist ausgedruckt. Du schaust es an, überfliegst seinen Inhalt noch einmal – dann stellst du es zu den anderen ins Regal. Du hast eine Haut abgestreift. Ab und zu hörst du, daß sie da und dort gefunden wurde, Interesse erregte oder Abscheu verursachte. Du kannst dich darüber nicht aufhalten; denn du bist soeben dabei, schon wieder eine Haut abzustreifen.

(Se 1966)

Meine Leser sollen beim Lesen mitschreiben, nicht vorher!

(Se 1966)

Der Wissenschaftler arbeitet analytisch, der Künstler synthetisch. Er sollte es jedenfalls, wenn er diesen Ehrentitel verdienen will. Allerdings sollte er auch dankbar hinnehmen, wenn die Wissenschaft seine dunklen Ahnungen experimentell bestätigt. Die Zeitgenossen des Künstlers erwarten von ihm, daß er ihnen die Welt immer wieder in harmonischer Zusammenschau sichtbar macht, daß er synthetisiert, was im täglichen Tageskampf durch die mehr und mehr um sich greifende Spezialisierung *hinweganalysiert* wird. Ein Künstler, der sich gedrungen fühlt, das

Chaos oder die weltweite Anarchie zu besingen und zu beschreiben, ist selber unter die Verwirrten gegangen, während es seines Amtes ist, seine Zeitgenossen mit Zuversicht auszustatten.

(I 1973)

Beim Signieren in Zeitz 1969

Seit mein Buch *Der Laden* erschien, wird in meiner Heimat nachgeforscht: Wer ist wer? Und man kommt dabei zu falschen Schlüssen und behauptet, ich hätte diesem und jenem und solchen etwas angedichtet, was sie nicht getan haben. Und sie bestehen darauf, daß sie die im Roman vorkommenden Leute erkennen, vor allem sich selber. Und es kommen Leserbriefe, in denen angefragt wird, wieviel Prozent von dem, was ich aufschrieb, auf Wahrheit beruht, und wieviel Prozent erdichtet, um nicht zu sagen erlogen, sind. Ich antworte diesen Lesern hiermit: Wahrlich, ich sage euch, dieses Buch da und dieses Buch hier enthalten neunzig Prozent Wahrheit und zehn Prozent Erlogenes. Ich sage absichtlich Erlogenes, weil jene Leser den Unterschied zwischen Dichtung und Lüge nicht anerkennen.

(L II 1987)

Gedichte habe ich stets bewundert. Ihr wißt, daß ich eine Dichterin zu meiner Gefährtin machte, und daß die mich, den Großraum-Lügner, zu ihrem Gefährten machte.

(L II 1987)

Damals weiß ich noch nicht, daß nur Leser und Kunstbetrachter, die meinen, man könne die Mengenlehre auch in der Kunst anwenden, Kunstwerke miteinander vergleichen, Leute, die ignorieren, daß ein wirkliches Kunstwerk einmalig ist, und daß es kein anderer als der, der es gemacht hat, hätte machen können.

(L II 1987)

Wer mit den Wölfen heult, muß damit rechnen, von den Wölfen gefressen zu werden, sobald die das unechte Geheul ihres Mitheulers erspitzen.

(Se 1966)

Rasch wird der Unverschämte zum Beschämten.

(L II 1987)

Ein Wissenschaftler, der das Zusammenspiel aller Wissenszweige und der Künste ignoriert, also ein Fachsimpler auf höherer Ebene ist, einer, der die Welt nicht als Ganzes sieht, ist ständig in Gefahr, sich für Barbareien mißbrauchen zu lassen.

(I 1973)

Ich halte die Kunst für eine Produktivkraft, auch wenn ihr Nutzen nicht in Litern, Zentimetern, Tonnen oder Raumflughöhenrekorden sichtbar gemacht werden kann. Die Wissenschaft hat man bei uns bereits zur Produktivkraft erklärt. Bei der Kunst kann man sich dazu aus den eben erwähnten Gründen noch nicht entschließen.

(I 1973)

Man kann allüberall die Wahrheit sagen, wenn mans richtig anpackt, und denen, die einem anempfehlen, die Unwahrheit zu sagen, muß man sich verweigern.

Das ist es, was man sich als Mensch schuldig ist.

(Se 1966)

Wer einmal lügt, dem glaubt man nicht, auch wenn er schafsbescheiden spricht, er sei der *Mund des Volkes.*

(Se 1966)

Menschen, in denen die Erlebnisse ihrer Kindheit noch wach sind, erreicht die Kunst am leichtesten.

(Se 1966)

Sie verdienen Ihr Geld ja im Schlafe, sagte der Neider.

Ja, während Sie schlafen, sagte der Dichter.

(Se 1966)

Aber was ist Enttäuschung? Ist sie nicht der Zustand, in den man verfällt, wenn einem ein Wunsch nicht in Erfüllung geht, wenn man naiv gehofft hat, die Wirklichkeit würde sich menschlichen Wünschen unterordnen?

(J 1985)

Der Specht befragt die Bäume;
Die hohlen sprechen laut.

(Se 1966)

Es wird davon geredet, daß der Haß, der Neid, die Kriminalität, die Eifersucht, auch andere Untugenden bei fortschreitender Entwicklung der Menschheit verschwinden werden. Ich kann mir das nicht vorstellen. Gesetzt den Fall, die Verbindung des Erdenmenschen zu Wesen auf anderen Sternen würde eines Tages statthaben, und die möglicherweise körperlich anders als wir organisierten Sternenwesen würden unseren Mund, jenen viel bedichteten und besungenen Menschenmund, für eine primitive Körperöffnung oder für eine Schnittwunde mit ewig verletzlichen, roten Rändern halten, würde das in uns Sympathie für jene Sternenwesen aufglühen lassen?

(Se 1966)

Nachts, wenn ich wach lieg, hör ich die
Krankheit kriechen …
höre den Lockruf des Kauzes am First,
höre das Nüstern der Araberstute,
rittwitternd schnaubt sie, wenn ich mich wälze.
Erst wenn der Tag graut, lösch ich das Licht.
Dann aber spür ich unter dem Schlafe,
wie mein Leben sich Fäden flicht,
um mich an diese Erde zu binden.

(uv)

Mein Schreibtisch gleicht dem blätterbedeckten Boden im Herbst. Papierblätter mit den Unterschriften von vier-, fünfhundert Leuten, die in den letzten Monaten etwas von mir wollten. Vielleicht wollten zwanzig, dreißig Leute mir wirklich nur sagen, daß ihnen eines meiner Bücher gefiel. Aber sie hoffen doch insgeheim auf einen Dank, eine Verwunderung über ihre Freundlichkeit.

Ein großer Teil der Briefschreiber verbindet seine kleine Lobelei aber mit direkten Fragen und Forderungen. Manche Leser verstecken sich hinter Kollektiven, Schulklassen, Klubs, um mir die Zusage abzunötigen, mich ihnen *körperlich* zu zeigen.

Ich ordne all diese Briefe von Monaten in Mappen. Die Mappen tragen Titel: *Schulklassen, Kinderaufsätze, Bekannte* (dahinter verbergen sich die, die öfter oder fast regelmäßig schreiben) oder *Kuriosa* und so weiter.

Wenn das alles in den Mappen zur Ruhe gebracht ist und mir nichts mehr aus den Schubladen des Schreibtisches entgegenquillt, so hats für mich das Aussehen eines geharkten Hofes. Niemals, das weiß ich, werde ich mir Zeit gönnen, in diesen Mappen zu blättern.

Und weshalb ordne ich da alles so sorgsam? Weshalb steck ich nicht alles in einen Sack und bring es in die Abfallgruben hinter dem Dorf? Da soll wohl auch eine Spur von meiner Arbeit bleiben, die sich nicht zwischen zwei Buchdeckeln niederschlug? Der Mensch ist ein merkwürdiges Gebilde!

(G 1968)

Das Leben ist verwickelt, verknotet; man erkennt nicht, von wannen der Faden kommt.

(L I 1983)

Meine Wartezeit als Autolenker nutzte ich, um mich *zu bilden.*

Bildung und sich bilden, diese beiden Begriffe schienen mir was zu wiegen in der Welt, jedenfalls in der Welt der sogenannten Gebildeten. Und ich mußte noch drei Jahrzehnte durchs Leben laufen, um zu erkennen, wie hohl und wie unnütz das meiste war, auf das die Gebildeten als ihre Bildung pochten …

Aber damals hatte ich stets eine kleine Bibliothek im Auto versteckt, und ich las, und ich suchte nach dem Stein der Weisen, und wenn ich ihn schon gefunden zu haben glaubte, erwies er sich nach einigen Tagen oder Wochen als rechte Klamotte.

(B 1976)

In der Dämmerung, in der Stunde, die die Franzosen die Stunde zwischen Hund und Wolf nennen, sitze ich angealterter Lebensdurchwanderer heute zuweilen in meiner Arbeitsstube und versuche an nichts, aber auch an nichts zu denken. Ich wehre mich aber auch nicht, wenn es aus mir drinnen zu denken anfängt, wenn das kleine Südost-Fenster meinen Blick auf sich zieht, das Südost-Fenster, vor dem die Buntnessel steht, jene Pflanze mit pfingstrosenroten Blättern, die Brecht und ich uns vor Jahrzehnten aus Belgien mitbrachten. Weshalb ist es immer wieder dieses Südost-Fenster meiner Arbeitsstube, durch das meine Gedanken mich zu meinem Heimatdorf Bossdom hinziehen? Ich sehe auf dem Atlas nach, lege den Zeigefinger auf das Pünktchen der Landkarte, das Rheinsberg heißt, und lege den anderen Zeigefinger auf den Punkt, der Grodk oder Spremberg heißt, und das Rätsel ist gelöst: Das Südost-Fenster weist nach Bossdom. Ich lasse mich willig von meinen Gedanken fortführen, erinnere mich an den Ziegenberg, an meinen Schulfreund Hermann, der mein Freund blieb bis in die Jugend hinein, bis er sich ein Mädchen nahm. Und ich denke an Großtante Maika: Bis heute hat mir niemand tiefgründiger erklären können als sie, was der Elektrostrom ist.

(L I 1983)

Tante Maika behauptet, der elektrische Strom sei Leben. Ich widerspreche: Leben ist das, was man sieht, was sich bewegt, was fortläuft, hin- und hergeht und wächst.

Das wären Äußerungen des Lebens, behauptet Tante Maika.

Is ooch Leben in die Steena (Steine)?

Ooch in die Steena wäre Leben, aber das sähen nur die mit den tausendjährigen Augen.

Hast du die tausendjährigen Oogen, Tante Maika?

Die Großtante klapst mir den Hinterkopf. Ich bekomme keine Antwort mehr.

Die Rätsel, die mir Maika aufgibt, lege ich in meinem Gedankenkeller etwas beiseite, aber manchmal hole ich sie hervor. Viele Jahre später erkenne ich das Leben in den Steinen.

(L I 1983)

Dort ruht der Stein
In seinem Sein.
Hier eifre ich
In meinem Mein.

(Se 1966)

Mein Geburtshaus war nach dem zweiten Weltkrieg eine Ruine. Es stand einer Granate im Wege, die eine Tuchfabrik zertrümmern sollte. Grodk im Tale der Spree war zur Festung erklärt worden, weil sich die Bewohner des Deutschen Reiches angeblich den totalen Krieg gewünscht hatten. Ich habe meine Zustimmung damals nicht gegeben, und ich würde sie auch heute und morgen niemand geben, falls sie jemand von mir einfordern wollte.

In das Haus Algerische Straße fünfundachtzig mußte man über drei Stufen hinabsteigen, um in den Hausflur zu gelangen. Der Kinderwagen, in dem ich lag, mußte dreimal auf den Hinterrädern hopsen, wenn ich nach einem Ausflug in die *Welt* nach Hause zurückgebracht wurde. Bei den drei Hopsern über die Stufen entdeckte ich, daß die Wachstuchplane des Kinderwagens ein Gewimmel kleiner Sterne zu mir ins Wageninnere ließ. Dieser Kleinsternhimmel bestimmte mich, den Weltsternhimmel, meine ersten Kinderjahre hindurch, für die Plane eines übergroßen Kinderwagens zu halten. Eltern und Großeltern wollten mir die frühe Erinnerung ausreden. Ich blieb dabei.

Es gab auch andere Dinge, Zustände und Erlebnisse aus der Frühzeit meines Daseins, die angezweifelt wurden, wenn ich sie erzählte. Schließlich gewöhnte ichs mir ab zu widersprechen und mich zu streiten und tat, als erkennte ich meine Irrtümer und fühlte mich belehrt, doch jetzt im Alter poche ich auf meine Früherkenntnisse, auf meinen ersten Sternenhimmel zum Beispiel. Nicht allermanns Augen sehen das gleiche, es spürt nicht einer so grob wie der andere.

(L II 1987)

Wenn ich nach sechzig Jahren auf der einzigen Steinstufe stehen werde, die von Großmutters Laden nach dem zweiten großen Kriege übrigblieb, werde ich die Obst- und Gemüsedüfte, den Geruch von Sauerkraut und sauren Gurken sogleich in der Nase haben, und das Geräusch des Mühlenwehrs wird in meinen Ohren sein. Aus meiner Erinnerung wird sich, wie aus unverfestigter Materie, alles wieder so vor mir aufbauen, wie es war, während für andere, die

»An der Mühlen Numero eins« in Spremberg.
Der LADEN der Anderthalb-Meter-Großmutter, etwa 1917

»An der Mühlen Numero eins« steht nicht mehr,
aber die Linde, die der Großvater pflanzte,
ist noch da. 1984

nur vorübergehen, nichts weiter da sein wird als die schon halb in der Erde versunkene Steinstufe von der Ladentreppe.

(L I 1983)

In einer Mainacht besuchte ich die alten Plätze des Heimatdorfes: Der Wildrosenstrauch am Waldrand war abgeholzt, versandet der Bach, an dem ich mein erstes Mädchen küßte, versiegt war der Born am Fuße des Hügels, der Mühlenhügel war mühlenlos; Kriegsfeuer hatten die Mühle verbrannt. Auf Mutters Fenster der Fuchsienstock blühte.

Ich brach einen Zweig und pflanzte ihn ein. Der Fuchsienzweig wuchs. Noch war er dünn, und eine

Nochmals »die Linde« und ein Rest
von Hopkas Ausspannung 1984

Knospe sprang auf. Unter weißgrünen Kelchlidern sieht die Blüte mir zu, wenn ich sitze, schreibe und schreibe.

(K 1966)

Der ehemalige Mittelpunkt Deutschlands in Spremberg
(Der Laden, 2. Teil) 1984

Grodk ist von besonderer Besonderheit, es ist der Mittelpunkt des Deutschen Reiches. Nach dem Vertrag von Versailles ist das freilich nicht mehr wahr, aber es war so schön, und die Säule, die den Mittelpunkt markierte, steht noch in der Nähe des Gymnasiums vor einem Drahtzaun. Die meisten Durchreisenden möchten vor dem Mittelpunkt des Deutschen Reiches gestanden haben, um ihren Freunden erzählen zu können, daß sie an einem Punkte gestanden haben, der einmal ein Mittelpunkt war, und sie kaufen sich Ansichtskarten vom Mittelpunkt, die es noch immer gibt.

(L II 1987)

Eines von den »Hexenpapierchen« 1919

Hexenpapierchen, diese Fotos, foto-stenografische Protokolle. Nur ich kann den Fotografierten mit Phantasie und Erinnerung zu einem Weiterleben verhelfen.

(L II 1987)

Manchmal ist mir, als schriebe ich und ließe das Geschriebene hinausgehen, damit jemand, der im Sommerland lebt, von mir weiß, wenn ich eingewintert bin.

(Se 1966)

Nicht nur der Mensch stirbt, auch die Anordnung seiner Umdinge stirbt, und es stirbt das, was er zu Lebzeiten, oft widerlich selbstgerecht, *seine Ordnung* nannte.

(L I 1983)

Wenn man auf etwas hindenkt, verdickt sich das, was man denkt, bis es nach und nach sichtbar wird. Wer sich was denkt, denkt, das denk nur ich, kein anderer weiß es, aber dann kommt ein Tag, an dem das Gedachte als Tat oder Ding für alle Welt sichtbar wird.

(L I 1983)

Die Welt ist voller Geheimnisse. Wenn ich älter bin, werde ich sie ergründen.

(L I 1983)

Bis zu meiner Jungburschenzeit nahm ich Unsichtbares so wichtig wie Sichtbares. Später, als ich mich den *Aufgeklärten* anpaßte, leugnete ich dumm das Unsichtbare; dann aber wurds mir doch wieder wichtig, wichtiger als das Sichtbare. Welcher Durchschnittsmensch sah ein Atom?

(L I 1983)

Später weiß ich, daß nichts, was ich tue, nicht eine Handbewegung von mir je endet, wenn ich sie beende; ein Bewohner auf einem tausend Lichtjahre von hier entfernten Stern, der die Augenschärfe oder die entsprechenden Apparate besitzt, wird sie noch sehen, wenn ich auf Erden seit tausend Lichtjahren nicht mehr vorhanden bin.

(L I 1983)

Was ich fühlen soll, wird mir täglich beigebracht. Ich lese es, wenn ich in Zeitungen und Zeitschriften sehe. Ich höre es, wenn ich den Rundfunkempfänger einschalte. Ich sehe es, wenn ich den Televisor benutze.

Was ich wirklich fühle, weiß ich mal deutlich, mal undeutlich, aber was ich wirklich fühle, macht meine Eigenart aus. Wie kann ich von ihr künden, wenn ich nicht deutlich weiß, was ich fühle?

Also ists nötig, unbedingt und jederzeit klar zu wissen, was ich fühle, wenn meine Aufzeichnungen einmalig und eindringlich werden sollen.

(G 1967)

Vertragsentwurf zur Nutzung des Weltraumes, das stand so selbstverständlich in der Zeitung. Niemand fand mehr etwas dabei. Hoffentlich werden wir in Jahren nicht lesen: *Krieg um den Süd-Mond ausgebrochen.*

(Se 1966)

Eine der zersetzenden menschlichen Leidenschaften ist der Selbstbetrug.

(Se 1966)

Jedes Familienmitglied geht orthographisch eigenwillige Wege. Aber wie schrieb der *Alte Fritz*, den die Preußen unter uns neuerdings wieder verehrt wissen wollen? Und was für große Dichtung kam in der für Federfuchser völlig unzureichenden Rechtschreibung Goethes auf uns!

Die Rechtschreibung, jenes Fach zur Erhaltung des Selbstbewußtseins einiger Schulmeister, zeigt nicht nur heute, sondern zeigte auch zur Zeit meiner Kindheit ein wanderdünenhaftes Verhalten. Sowohl die *Thür* als auch das *Thier* wurden nach Befinden altmodisch mit Th oder modern einfach mit T geschrieben.

An der Weise, wie wir *Brod* schreiben, das *uns* in zwiefacher Weise nährt, kann man ablesen, daß wir ein altertümliches Unternehmen sind, denn nicht nur auf dem Firmenschild über der Ladentür steht *Brod* mit D zu lesen, sondern man kann sich auch, wenn man aus dem Laden in die sogenannte alte Backstube tritt, an einem Spruch mit *Broden* sattlesen: *Wo Brod – keine Not; wo Brod – keine Not; wo Brod – keine Not.* Man kann sich drehen und erfährt immer wieder, daß, wo *Brod* ist, keine *Not* sei. Das Spruchband ist der girlandenhafte Abschluß des Raumsockels.

Wir sind stolz auf diese *Brod-keine-Not-Kante.* Welches Haus kann eine solche schon aufweisen? Jeder Fremde liest sie, dreht sich um seine Achse, lächelt verständnisvoll und sagt: So ist es, so ists, und niemand fühlt sich vom unreinen Reim beunruhigt.

(L I 1983)

In Bossdom fragt man nicht, wenn man etwas nicht verstanden hat: Wie bitte? sondern: Was haste gesoagt? oder einfach: Wa? Einmal, als ich schon einige gelesene Bücher hinter mir hatte, fragte ich, als ich etwas nicht verstand, versuchsweise: Wie? Da lachten sie mich aus und bewarfen mich mit Roßäpfeln. Ich hatte gegen den örtlichen Sprachkodex verstoßen. In Bossdom gabs kein *Mich* und kein *Dich*, es gab in allen Fällen nur *mir* und *dir.* Noch heute wag ich in meinem Heimatdorf, wenn ich dort einkehre, nicht das leiseste *Mich* zu verwenden, weil ich nicht will, daß man sich wegdreht und sagt: Der macht sich vielleicht stolz! Mit *den* kannste nich mehr reden!

(L I 1983)

Bossdom ist ein halbsorbisches Dorf; einige Frauen gehen in Halbtracht. Auch ich bin Halbsorbe, und in der Stadtschule werden sie mich später *wendischer*

Kito und *Krumitzka*, Brotranft, nennen. Ich gebe mir Mühe, aber so hochdeutsch ich auch zu reden wähne, selbst, wenn ich Englisch oder Französisch spreche, gegen den Gesang der slawischen Urmütter in mir komme ich nicht auf.

In jedem Menschen is een Ton, mit dem wird er geboren, und den trägt er zu Grabe, sagt Großtante Lidola, die Hexe. Ich nehme es mir zu Herzen, und ich verstecke meinen slawischen Urton nicht mehr.

(L I 1983)

Und die Sonne rollt in den Himmelsraum.
Rollt sie den ziehenden Vögeln nach?
Grauwolken balln sich, ziehen herauf.
Menschen schaun fragend ins Himmelsgehäuse:
Bringen die Wolken uns Regen, schon Schnee?
Nebel kriecht aus dem Teich, aus dem Bach.
Atmet die Erde ihn aus vor dem Schlafe?
Baumblätter zwinsen mit Perlchen-Augen.
Bleibe doch, Sonne! Die Sonne bleibt nicht.
Nebel, nur Nebel. Eng wird die Welt.
Krähenschwärme ziehn krächzend durchs Land.
Leise fiepen im Walde die Meisen.
Nebel verwrast die Wege der Menschen,
Dringt durch die Kleider, fröstelt ihr Herz an,
Treibt sie ins Haus und in ihre Küchen.
Dort steigt vom Herd aus Pfannen und Töpfen
Grauer Nebel und drängt sich ans Fenster.

(T uv 1956)

Wir säten im Herbst den Roggen, und wir pflanzten im Frühling die Kartoffeln; wir ernteten den Roggen im Sommer, und wir ernteten die Kartoffeln im Herbst, und es standen Jahr um Jahr Kornpuppen auf unseren Feldern, und es standen gefüllte Säcke im Herbst neben den Kartoffelfeuern – auch das – Jahr um Jahr.

Und wenn die Wiesen zum zweiten Male geheut waren, weideten wir die Kuh und ihr jährliches Kalb auf ihnen, und all das langweilte uns nicht, weil es das Leben war, das uns in seinen sich wiederholenden Verwandlungen entgegentrat.

Aber die Dorfschule mit ihrem sich fünf Jahre hintereinander wiederholenden Lehrstoff langweilte uns,

weil es sich nicht um Leben, sondern um Abstraktionen vom Leben handelte, und weil es Ekel beim Menschen heraufbeschwört, wenn man ihn immer wieder mit gleichen Abstraktionen zu füttern versucht.

(Sch 1972)

Schulanfänger in Graustein. (□) Strittmatter 1919

Das Lehrerhaus ist durchtränkt mit einem Geruch von getrockneten Pilzen. Pilzgeruch entströmt seiner Jacke, wenn der Lehrer mich über die Pultbank legt und verdrischt; mir ist, als wär der Pilzgeruch der Gehilfe eines Scharfrichters, und er bleibt mir, so würzig er ist, bis in die Mannszeit unsympathisch.

(L I 1983)

Hand in Hand ist für mich so: Wir stehen in einer Zweierreihe am Schulgartenzaun, und jeder hält seinen Nebenmann bei der Hand. Der Lehrer geht, die Daumen in den Ärmellöchern seiner Weste, an der Reihe entlang und kontrolliert, ob das Oberleder unserer Holzpantoffeln blank geputzt ist, und wenn es blank genug ist, klatscht er in die Hände, und ein unsichtbarer Damm vor dem Tor scheint zu bersten: Wir ergießen uns, Hand in Hand, in den Schulhof, aber schon auf der Schulhaustreppe wird das Hand-in-Hand-Gehen beschwerlich, und durch die schmale Tür gehts überhaupt nicht zu zweit, der Stärkere und Geschicktere von je zweien flitzt zuerst hindurch. Aus ists mit Hand in Hand; im Flur sind wir getrennte Leute.

(L I 1983)

Es gab nie eine Zeit, in der ich gern in die Schule ging, in Bossdom nicht und in Grodk nicht. Ich habe Mustermenschen stets mit etwas Skepsis bestaunt, zum Beispiel diesen Noatnick, der zwei Schulklassen übersprang, und von dem behauptet wird, er habe zwei Lebensjahre eingespart. Ich weiß nicht, ob der liebe Gott bei der Erschaffung des Menschen an die Schule dachte, aber dieser Noatnick ist, als ob ihn Gott bearbeitet hätte, damit er in die Schule paßt. Ich hingegen bin neugierig auf alles, was sich außerhalb der Schule zuträgt, aber das trägt mir keine *hochen* Zensuren ein. Unsere Lehrer, spür ich, meinen, es ist nicht richtig, sein Wissen, wie der Spatz sein Futter, auf der Straße zu sammeln. Wissen hat nach ihrem Dafürhalten nur Wert, wenn man es geordnet, gebündelt und nach Stundenplänen, Schuljahren und Semestern zu sich nimmt, wenn man in Prüfungen beweisen kann, daß einem das Wissen, zumindest für die Zeit der Prüfung, zur Verfügung steht.

(L II 1987)

Mit Goethe hatte ich meine Erfahrungen. Als ich neun Jahre alt war, verpflichtete mich der zweite Dorflehrer, der ein Wunderkind in mir sah, *Dichtung und Wahrheit* zu lesen und vor der Dorfschulklasse über den Inhalt zu sprechen. Ich plagte mich durch die beiden Bände, und ich heulte oft dabei, und meine Mutter tröstete mich, sie hätte es als Schulmädchen schwerer gehabt, weil sie das Alte Testament hätte lesen müssen.

Das Ende meiner Goethe-Lektüre war, daß ich meinen Mitschülern etwas von einem Jungen erzählte, der Wolfgang hieß und der mit seiner Schwester zusammen Porzellangeschirr zerschmissen hätte, ganz aus Mutwillen und freien Stücken. Daraus aber folgte, daß meine Mitschüler den jungen Goethe für einen tollen Kerl hielten.

Später, als ich das fünfte Jahr in die Dorfschule ging, quälte man uns mit *Hermann und Dorothea.* Wir lasen dieses vaterländische Epos dreimal, und wir analysierten es dreimal. Dieses Analysieren und Abtöten von literarischen Kunstwerken wird noch heute, wie ich höre, in der Schule mit preußischem Eifer betrieben, und ich muß mich ernstlich fragen, wo denn da der Fortschritt in unserem pädagogischen System steht.

(B 1976)

Jetzt behandeln mich unsere Studenten so, wie ich Goethe behandelte. Sie schreiben mir: Seit ich im Deutsch-Unterricht Ihren Roman von dem Jungen lesen mußte, der seinen Vater erst kennenlernte, als er schon in die Schule ging, und dem Lehrer immer erklären mußte, was dieses ökonomisch und was jenes soziologisch oder ideologisch bedeute, nahm ich nie wieder ein Buch von Ihnen in die Hand. Sie werden doch zugeben, daß vieles, was Sie schrieben, blanke Witze und Geschichten sind, die jedem passieren können; wir aber mußten noch aus den Witzen Ideologie und Soziologie raussuchen, und nach Poesie wurde nicht gefragt, und das ekelte mich an. Nie wieder ein Buch von Esau Matt! Nein!

Ich werde mich hüten, auf die Schuldigen zu zeigen. Wir leben noch in einer Zeit, in der kritisch hinweisende Zeigefinger abgeschnitten werden, und ich rechne damit, daß die Studenten, die da schworen, nichts mehr von mir lesen zu wollen, nun auch nicht erfahren, daß ich ihren Abscheu, den sie vor meinen literarischen Arbeiten haben, verstehen kann.

(L I 1983)

Zuviel lesen is nischt, sagt Großtante Maika. Ich hoab ooch moal Weile viel gelesen, wie ich jünger woar, beim Lesen bringt man sich um die Zeit, selber zu erleben, was am zusteht.

(L I 1983)

Wenn ich auf meiner Spielzeugkiste am Giebelfenster des Kottens stand, konnte ich ein Stück der Landstraße sehen, die von Grodk ins Schlesische führte, und hatte den Anger vor Augen, auf dem die Dorfstraße und die Landstraße einander begrüßten und einen Grasfleck miteinander zeugten. Ich konnte die Pferde beobachten, die Pferde aus dem Dorf und die Kutschpferde des Herrn von Wühlisch auf Lieskau, die Bauernpferde aus Schöneheede, die Müllerpferde, die Brauerpferde, die Trauerpferde und die Traber der Fleischer aus Muskau und Grodk.

(L I 1983)

Einmal, Ebereschenbaum, da ich noch die Kinder-
augen trug,
waren deine Früchte mir Korallen.
Über das geflickte Hemd
ließ ich sie in Ketten fallen.
Später packte mich die Not und mir wurden deine
Beeren
auf der Wandrung wie den Vögeln Brot.
Nun, da diese Hungertage mich nur noch im Traum
belagern,
heiß ich dich Fontäne aus Korallen,
und die Zeiten, da ich Kinderaugen trug,
sind wie Vögel nach dem Winter
singend in mein Leben eingefallen.

(uv)

An Großtante Maika ist alles rund; runder Kopf und rundes Gesicht, runde Brüste und runder Bauch, runde Waden und runde Zehen, selbst der Zopf auf dem Kopf wie ein Nest so rund. Mit Maika deutet das Leben an, daß es eigentlich vorhatte, den Menschen rund und kugelig zu machen, rund wie die Erde und rund wie die Sterne.

Aus Maikas Mund kommen Worte, die wie die Schwalben zwitschern, aber auch solche, die angefärbt sind vom blauen Lull-lull der Heidelerche und selten, aber zuweilen doch, harte Worte wie Rabengeknarr.

Boshafte Leute reden, Maika ist eine Hexe; die meisten sagen auf sie: *Kluge Frau.* Das ist bei uns in der Heide mehr Majestät als Frau Baronin zu Reitzenstein.

Ich habe eine Menge Märchen gelesen. Für mich ist Großtante Maika eine Heilige. Ihren Heiligenschein hat sie versteckt, vielleicht im Keller hinter den Pferdemöhren.

Maika gehört zu den wendischen Weisen. Gelehrte Leute und Besserwisser aus Grodk lachen und lästern über sie. Auf einmal kriegen sie die Gesichtsrose und kommen gebettelt: Maika, kannste mir helfen, Maika?

Über Maikas rundes Gesicht hüpft ein Lächeln, das wärmt wie die Sonne: Mach dir za Hause, du Tummkopp, alter, oder ich kumme dir mitn Besen, sagt Maika.

Großtante Maika, die sorbische Schamanin
(»Der Laden« 1/2)

Und der Tummkopp purreit sich auf und davon, unterwegs verliert er die Rose, und er läßt fortan nichts mehr auf Maika kommen.

Man weiß nicht, nach welchen Regeln die wendischen Weisen wachsen. Bald taucht eine *Kluge Frau*, bald ein *Kluger Mann* auf. Keiner kann dir sagen, wie sie weise wurden, auch sie selber nicht; eines Tages ist die Weisheit in ihnen und bricht heraus.

(L I 1983)

Auf der Heide geht das Gesage, die sorbischen Schamanen hätten einen Drachen zum Gehilfen. Viele Bossdomer wollen einen solchen Drachen gesehen haben, besonders nachts, wenn er von Hexereien heimkehrte und in den Schornstein des Schamanenhauses einfuhr, ein feurig-schlängelndes Gebilde. Tagsüber hockt der Drache, auch Plon genannt, als harmloses, halb blindes Küken am Herd und wärmt sich. Ob Hexe oder Hexer – sie sterben schwer und erst dann, wenn sie den rechten Verwandten gefunden haben, dem sie ihren Drachen anvertrauen können.

Meine Mutter meint, daß ich *wohl werde* der Drachen-Erbe von Großtante Maika sein. Uns kannstes doch soagen, ermuntert sie mich. Was soll ich sagen? Ich sage nichts. Es gefällt mir schon, für den Erben von Großtante Maikas Plon gehalten zu werden.

(L II 1987)

Was die Hellseherei betrifft, so kann ich auch heute noch nichts Klärendes darüber sagen. Wenn ich still in meiner Arbeitsstube sitze, kommts zuweilen vor, daß ich Ausblicke ins Künftige habe, die sich später als wahr erweisen; das habe ich ausgeprobt, das weiß ich, das lasse ich mir von niemand verstreiten, und darüber streite ich auch mit niemand, und mehr weiß ich nicht, und über was reden, was ich nicht weiß, weigere ich mich; es gehört zu den Sünden, die Wirrnis in das Zusammenleben der Menschen bringen.

(L II 1987)

Glücklicherweise wird man nie recht gewahr, wann man von einer Begebenheit absteht, um auf eine andere überzugehen. Es soll Menschen geben, die allen Begebenheiten ausweichen und damit zur Ruhe des Herzens gelangen, Menschen, die behaupten, das Leben müsse so gelebt werden. Ich habe in der Jugend nie ergründen können, woher solche Leute ihr Glück nehmen, heute freilich weiß ich, daß es ein Glück ist, kein Glück nötig zu haben.

(L II 1987)

Laßt mich rasch eine Arie auf den Buchweizen singen, den Großtante Maika anbaut. Mein Großvater nennt ihn Heedekorn. Seit das Korn der Heide nicht mehr angebaut wird, hat meine Heimat einen Duft, eine Farbe und eine Welle, die mir Entzücken verschafften, verloren. Die vielen, vielen Bienen, die dem Buchweizen ihr Leben verdankten! Wo sind sie jetzt? Treiben sie als unruhige, unerlöste Wellchen außerhalb der Ebene umher, die wir die Wirklichkeit nennen? Wo sind die mit Buchweizen-Grütze gestopften Würste hin, die Grützwürste? Eine Fülle ergibt die andere; ein Mangel hängt vom anderen ab: Ich denke an den *Sterz*, an den gequollenen Buchweizen, den die Anderthalbmeter-Großmutter, mit Speckscheiben durchsetzt, im Ofenröhr buk.

(L I 1983)

Jetzt prangen schon die bunten Sommerblumen.
Die Luft ist voller Düfte und Gesumm.
Die Kirschen süßen sich und dunkeln.
Der Waldsaum und die Ferne flimmern.
Die Tiere feiern jeden Flecken Schatten,

Träg regen sich die Hühner unter Hecken.
Der Wegstaub trägt die Spuren nackter Füße.
Gelb lohn die erntereifen Felder.
Dort tropft die Sonne ihre Glut vom Himmel.
Man muß dem Sommer jetzt die Frucht entreißen.
Mähmesser zausen, Pressen prasseln.
Der Wettlauf mit der Reife hat begonnen.
Da ist kein Aufsehn und kein Umschaun in den
Feldern.
Kaum reicht die Zeit, den wilden Durst zu
dämmen.
Ein Wolkenturm steht überm Wald.

(T uv 1956)

Von der Dicken Linde reden die Leute, daß sie tausend Jahre alt ist. Niemand zweifelt daran, denn die Dicke Linde ist ein Berg, ein Gebirge von einem Baum, und sie steht in der Felderweite und ist sichtbar von weither und nach weithin. Sie ist oft fotografiert worden, und sie wurde im Heimatkalender, sogar im Sorauer Wirtschaftskalender, abgedruckt und beschrieben, und Ernst Heiter, der Hausdichter des *Spremberger Anzeigers*, hat sie in unreinen Reimen gefeiert.

Der Weg von der Dorfmitte bis zur Dicken Linde ist zwei Kilometer lang und ist das Maß für unsere Dauerläufe. Für mich blieb er bis heute das Zwei-Kilometer-Maß, mit dem ich Entfernungen in der Ägäis, am Polarkreis, am Kasbek, in Paris, in den Rheinsberger Wäldern, in Karelien, in der Pußta, auf dem Pritschow bei Dollgow oder bei Kvareli in Kachetien ausmaß und ausmesse.

(L I 1983)

Meine Eltern übertreffen einander zuweilen beim unlogischen Denken und Handeln. Sie blieben je an einer Stelle ihres Wesens Kinder. Ein Glück, daß, wenn die Kinderei bei meiner Mutter ausbricht, sich beim Vater eine feste Logik einstellt, wie Menschen sie von sich verlangen, die glauben, *in die Welt zu passen*; vielleicht ists aber auch eine Wechselwirkung: Unlogisches Handeln vom Vater ruft Logik, wie man sie angeblich benötigt, um *bestehen* zu können, bei der Mutter hervor und umgekehrt.

(L I 1983)

Jedem meiner verlorenen Tage hockt das, was ich meinen Tod nenne, hinten auf und grinst.

(Se 1966)

Wer hat mich hingestoßen auf diese Seite des Lebens, auf der ich nun, allen sichtbar, umhergehe und von innen her gezwungen werde, etwas zu tun, was die meisten meiner Zeitgenossen für wenig wichtig halten?

Ich schau mich um, und ich finde: Mein Vater und meine Mutter waren es, die mich auf *diese* Seite des Lebens stießen.

Ich schau meinen Vater und meine Mutter an, und ich finde: Sie ahnten nicht, was sie taten, als sie mich auf *diese* Seite des Lebens stießen. Als sie mich entstehen sahen, taten sie sich zusammen und blieben zusammen für ihr Leben.

Und ich frage weiter: Wer denn benutzte die beiden Alten, damit sie mich auf die Seite des Lebens stießen, auf der ich nun, allen sichtbar, umhergehe und von innen her gezwungen bin, etwas zu tun, was die meisten meiner Zeitgenossen für wenig wichtig halten?

(Se 1966)

Nein, ich geh lieber allein in die Wälder, denn wenn ich jemand überreden muß, mit mir zu kommen, macht der mich für jede Mücke verantwortlich, die ihn unterwegs sticht.

(Se 1966)

Aus jeder Lebens-Ecke unserer Eltern und Großeltern dringen Geschichten heran; Geschichten aus der Jugend- und Kriegszeit des Vaters; Geschichten aus Großvaters Knechtszeit beim Förster-Ökonomen in Blunow; Geschichten aus der Jungmädchenzeit der Mutter. Wie soll ich sie alle bändigen und ordnen, damit sie wenigstens Kulissen in meinem kleinen Tautropfen-Welt-Theater abgeben!

(L I 1983)

Wie im Film, sagen meine Söhne, wenn ich ihnen unsere *Amerikanische Tragödie* erzähle.

Wie im Film? Mag sein, daß meine Söhne recht haben; denn der Film lebt von Klischees, doch die Menschen liefern sie ihm, und er liefert sie den Menschen zurück. Ich erlebe es gerade an der Tochter eines Nachbarn, den ich nicht namentlich nennen will, sie lehnt im Dorf an der Kirchhofsmauer wie an einem Bartisch, und sie raucht Zigaretten aus langer Spitze, stößt den Qualm mit offenem Munde aus sich heraus und alles, wie sie es im Film sah, und sie erwartet, daß die Fremden, die in breiten Autos durchs Dorf fahren, sie *entdecken*, eben wie im Film! Und der Prophet sagt: Wenn ihr raus wollt aus dem Teufelskreis der Klischees, dann ändert euer Leben!

(L I 1983)

Verwandte und Bekannte sterben, die einen auf dem Felde, die andern im Felde. Tante Magy stirbt, Onkel Ernst stirbt, Onkel Phile stirbt und schließlich die Mutter. Niemand fordert den Vater mehr auf, etwas vorzutragen, etwas nach vorn zu tragen, was hinten in ihm ist, nur ich, sein ältester Sohn, versuche es noch einmal. Der Vater ist fünfundachtzig Jahre alt, und ich stelle hinterhältig ein Tonbandgerät auf. Weshalb will ich die Couplets, die der Vater einst vortrug, herüberretten? Weshalb will ich sie noch eine Weile aufheben? Es gibt ein Wort dafür, das zur Zeit in aller Munde ist, ein Modewort. Das Wort heißt *Nostalgie* und erklärt ebensowenig etwas wie Instinkt, Unterbewußtsein oder vegetative Störung.

Die Couplets sind schon so weit hinten im Vater, sind schon fast aus ihm hinausgedrängt. Es strengt ihn an, die zweideutelnden mit Gesangstönen garnierten Reimereien wieder nach vorn zu bringen. Er strengt sich an wie die Medien in spiritistischen Sitzungen, die halbabgestorbenen Couplets wieder zu materialisieren und ins Hörbare zurückzuholen.

Die Tonbänder weisen mich, als wir sie später abhören, als den Souffleur des Vaters aus. Ich, der sie damals unerlaubterweise einfing, trug die Couplets mit mir umher, trug sie durch Länder und über Meere und brachte sie, wie sich zeigte, wohlverwahrt heim, und sie liegen auch jetzt weiterverwahrt in mir neben Goethe- und Rilke-Gedichten, neben den Gedichten einer Dichterin, die ich liebe, und neben Hesse-Gedichten. Niemand wird herausfinden, weshalb das so ist, niemand, der nach Sinn und Nutzen fragt.

(L I 1983)

Die Großfamilie v. r. n. l. Tinko, Frede, Vater, Mutter, Heinjak, Schwester Magy, Großmutter, Tante Magy, Großvater. 1932

Es regnet wohl nie mehr auf dieser Welt.
Die Rüben lassen ihre Blätter hängen.
Das Gras am Wegrand ist verdorrt.
Durch Graustaub gehn die Menschen, gehn die Tiere.
Der Bach wird träge, und der Teich versiegt.
Kein Hoffnungswort; matt sind der Menschen
Zungen.
Es regnet wohl nie mehr auf dieser Welt.

Doch eines Nachts sind die Gewitter angefahren.
Die dunklen Wolkenkühe donnern aufeinander.
Mit Natternzungen leckt der Blitz die Erde.
Und wieder bangt der Mensch vor dem Zuviel.
Da hilft kein Beten und kein Bangen.
Da gießt es blitzverbrämt, gießt nicht nach
Menschenmaß.
Da prasselt es und schüttet Schauer in den Sommer
Und scheffelt Eis auf heiße Steine und auf Früchte.
Der Regen kommt nicht, wann der Mensch es will.

(T uv 1956)

Wenn du tot bist, löft die Zeit alleene weiter, sagt der Großvater.

Aber ich spüre sie nicht.

Aber du hast welche, sagt der Großvater. Große Philosophie, Heidephilosophie. Ich denke weiter über die Zeit nach, und sie ist und bleibt mir ein Rätsel.

(L I 1983)

So sonderbar ist schon meine Präexistenz, so tüchtig arbeiteten schon meine Vorfahren daran, aus meinem Vorleben ein Gestrick herzustellen, das zu entwirren mein Leben nicht ausreichen wird.

Ich bewundere manche meiner Lebensgenossen, die mit vorgeburtlicher Reinheit ins Dasein treten, in die Schule gehen, die Universität besuchen, alles, alles, ohne Anstoß zu erregen. Sie lösen willig und ohne zu zweifeln alle Aufgaben, die man ihnen stellt, haben nie Schwierigkeiten, werden Tugendwächter, beobachten zum Beispiel die Worte, die ich von mir gebe, und wenn sie eines finden, das jemandem mißfallen könnte, ersuchen sie mich, es zu verschlucken, und sie machen darauf aufmerksam. Ich aber, den seine Mutter in ein Gestrüpp vorgeburtlicher Irrtümer hineingebar, fahre fort, meine Lebenskraft zu verbrauchen, um dieses vorgeburtliche Gestrick zu entflechten, und doch höre ich nicht auf, selbst nachdem ich im Alter einige Erkenntnisse gewann, für manche meiner Zeitgenossen ein nutzloser Mitbewohner ihrer Welt zu sein.

(L I 1983)

Der Mensch hat so viele Schicksale, als es Mitmenschen gibt, die ihn beobachten. Schicksal ist nichts Zuverlässiges!

(L I 1983)

Da man beim Kartenspielen beide Hände benötigt, kaufte sich Großvater auf einer Nachlaßauktion eine Zigarrenspitze. Mit ihrer Hilfe konnte er die Zigarre beim Spielen im Munde behalten, und sie erlaubte ihm, ein wenig vom selbsthergestellten Zigarrenrauch abzurücken. Großvaters Zigarrenspitze hatte Seltenheitswert; in ihrer Mitte gabs ein Fensterchen von Stecknadelkopf-Größe, in das man hineinsehen und einen Turm aus eisernem Gestänge erblicken konnte, den Eiffelturm zu Paris nämlich. Für Großvater war das der Turm zu Babel, und es war auch für mich der Turm zu Babel; Großvaters Wort war für mich Gottes Wort. Und als ich im Jahre neunzehnhundertvierundfünfzig mit einem Manne namens Brecht unterm Eiffelturm in Paris stand und hinauf zur Turmspitze schielte, murmelte ich: Der Turm zu Babel also! Brecht, der nicht wissen konnte, daß ich mich an

Großvaters Zigarrenspitze erinnerte, lachte keckernd, und ich erzählte ihm, wie mein Großvater vergeblich versuchte, ein deutscher Kleinbürger zu werden. Er hörte aufmerksam zu und sagte: An Notat, mach dirrr soforrrt an Notat!

Hier, das wars nun, das Notat!

(L I 1983)

Später werde ich meine Beobachtungen, die ich am Familienkartentisch machte, auf die Völker Europas und der Welt ausdehnen, werde das Streitgas erkennen, das über ihnen schwebt, werde die Funken beobachten, die Explosionen auslösen, und danach werde ich sehen, wie die Leidenschaft zu leben, die Lebenslust, die Völker dazu bringt, sich nach einer gehabten Katastrophe wieder zu versöhnen, um sich später wieder zu verstreiten. Und ich werde sehen, daß sich die Häuptlinge der Völker nicht anders verhalten als meine Leute einst daheim. Trotzdem werde ich mich immer wieder bei der Hoffnung ertappen, daß einmal die Vernunft der Streitenden obsiegen und endgültig Frieden bleiben wird. Aber es wird kein Frieden. Es gibt, sehe ich, so viele Vernünfte, wie es Rassen und Klassen, Völker und Menschen gibt; das ist meine Erfahrung, aber niemand soll sie in Anspruch nehmen, der sie nicht selber machte.

(L I 1983)

Wenn ich vorwärts geh, komme ich dorthin, wo vorher vorwärts war, und sobald ich dort bin, liegt ein neuer Punkt vor mir, zu dem ich wieder vorwärts muß.

Alles Tummheet, sagt Großtante Maika, vorwärts ist reinwärts. Ich verstehe nicht und frage, aber die Großtante antwortet mir nicht mehr.

(L I 1983)

Keine Weite.
Das Große verschlossen.
Alle Wege zu Ende.
Kein Lied.
Keine Sehnsucht.
Kein Sonnfleck im Tag.
Nichts Lernenswertes.
Nichts zu versäumen.
Keinen Kummer um Küsse.
Nicht neugierig mehr.
Ohne Ungeduld.
Hin und her.
Her und hin.
Weiß nicht woher.
Weiß nicht warum.
Weiß nicht wozu.
Nicht wohin und weswegen.
Frage: Schon tot?

(uv 1965)

Der lässige Umgang mit der Zeit wurde mir nicht eingeerbt. Mir wurde der Respekt vor der Zeit eingeboren, vom Muttervater her. Der sorbische Großvater kontrolliert mit der Uhr, wie viele Pilze er in wieviel Minuten findet, und wie viele Misthäufchen er in einer Stunde auf dem Felde spreetet. (Bei uns wird der Mist nicht ausgestreut. Wie das Wort *spreeten*, dieses wahrscheinlich englische Lehnwort, zu uns in die halbdeutsche Niederlausitz gelangte, mögen die Engel wissen.)

Lange Zeit meines Lebens bildete ich mir auf meinen strengen Umgang mit der Zeit was ein, weil mich die Leute dafür lobten. Sie beneideten mich ob meiner *Gabe*, allzeit was *Rechtes* mit der Zeit anzufangen, doch mit den Jahren merkte ich, daß mir der Muttervater mit seinem Respekt vor der Zeit einen Fluch vererbte, und ich machte mich auf, meine Ehrfurcht vor der Fiktion Zeit in einem regelrechten Feldzug zu besiegen, setzte mich viertelstundenlang nieder, tat nichts, dachte nicht einmal und versuchte, die Unruhe, die der Respekt vor der Zeit in mein Leben brachte, zu verwandeln. Noch kann ich nicht vermelden, daß ich aus diesem Feldzug als Sieger hervorging.

(L I 1983)

Stunden so zu verleben, als ob sie Tage, und Tage so zu verleben, als ob sie Wochen wären – das halte ich für Lebenskunst.

(Se 1966)

Der Weg lockt weg,
Gehäuseglück
Lockt mich zurück.
Niemals ans Ziel –
Des Lebens Spiel.

(Se 1966)

Meine Schwester ist bis zu ihrem dreizehnten Lebensjahr mehr Junge als ich. Sie klettert auf den Sauerkirschbaum; ich bin noch sehr unten im Geäst, sie ist schon oben bei den dunkelsten Kirschen. Sie kann den Hof überblicken und ruft mir zu: Detektiv Kaschwalla kummt! Die Anderthalbmeter-Großmutter ist gemeint, und schon hören wir ihr Geschimpf: Wirschte dir vom Kirschboom machen, als Mädel, was de bist!

Das ist die Geburtsstunde von *Detektiv Kaschwalla.* Ich habe um diese Zeit noch keinen Detektiv-Roman gelesen, ich kenne das Wort Detektiv nicht. Meine Schwester hat es im Laden gehört. Alles bei uns kommt aus dem Laden!

Mit dreizehn Jahren wachsen meiner Schwester kleine Brüste. Aus ists mit ihren verrückten Jungenspielen. Sie tut, als wäre sie nie in der Spitze von Zetschens Süßkirschenbaum gesessen, als hätte sie dort nie geschaukelt und mich und meine kleineren Brüder mit den süßesten Kirschen versorgt. Mit dreizehn Jahren schreit sie bei der geringsten Gefahr: Huch oder jeminee! Sie wird eine Frau, sie wird *schwaches Geschlecht.*

(L I 1983)

Mit der Schwester
(Kleed und Anzug von der Mutter »ausgenäht«) 1918

1955

Wieder ist März, und es ist warm und küselig. Wirbelwinde machen sich trichterförmige Kleider aus losem Erdreich und vergilbten Baumblättern. In die Wirbelwinde sitzen kleene Deibelchens. Sie befukken und besegnen die Felder, erklärt Großvater.

Ich passe und lauere, ich will ein Teufelchen tätig sehn. Ich sehe keines. Später werde ich wissen, daß auch die Indianer Mexikos behaupten, in den Winden säßen Geister. Wie kommts, daß der Aberglaube meiner sorbischen Väter mit dem der mexikanischen Indianer verwandt ist? Alle Menschen der Erde sind miteinander verwandt.

(L I 1983)

Wenn alle Zustände Segmente von Ursachenkreisen sind, so wimmelts in der Welt von solchen Kreisen und das innerhalb eines umfassenderen Kreises.

(L I 1983)

In allen Zeitaltern mag es den um die wahre Kunst Besorgten so erschienen sein, als ob sie zerfalle. Denn zu allen Zeiten waren künstlerische Dilettanten am Werke, diesen Eindruck zu bestärken. Aber die Werke der Dilettanten gehen unter, schwimmen nicht auf dem Strom der Geschichte in künftige Zeiten hinein, und zu uns gelangen nur die Werke der wahren Künstler und machen uns glauben, daß jenes Zeitalter, in dem sie lebten, der Kunst *holder* gewesen sei.

(G 1967)

Der Mensch begnügt sich nicht mit seinem Leben. Es sitzt Habsucht in ihm. Er will Dinge, sogar Menschen besitzen. Der eene hat ne kleene, der andre hat ne große Hoabsucht. Ne große Hoabsucht is nich kleene zu kriegen, aber ne kleene Hoabsucht kann großgefüttert wern, sagt Großtante Maika.

(L I 1983)

Wenn man fortgeht, einen Ort für immer verläßt, gibt man wenigstens drei, vier Leuten, manchmal sogar solchen, die man nie hat leiden mögen, die Hand. Wenn man nichts dergleichen tut, heißts, man sei verschwunden.

(L I 1983)

Später werde ich wissen, daß man sich alles zu eigen machen kann, ohne es besitzen zu müssen.

(L II 1987)

In jeder Landschaft, die ich durchwanderte, gabs in den Erzählungen der Bewohner einen starken Mann, und je länger er tot war, desto stärker war er gewesen. Die Träume der kleinen Leute versammelten sich in einer solchen Figur.

Ich erfuhr aber auch in jeder Landschaft von Klugen Männern und Klugen Frauen. Sie erraten, an welcher Krankheit du leidest, und heilen dich, und sie haben Rat. Ich erzählte euch schon von meiner Großtante Maika, mit der ich noch die Luft teilte, die damals über Bossdom und die Ausbauten hinstrich.

(L I 1983)

Meine Mutter dichtet gern ein bißchen. Am liebsten ists ihr, wenn schon was da ist, was sie weiterdichten, an das sie was anstricken kann. *Vergiß nicht in aller Plage/unsre Jungmädchentage,* schreibt sie ihrer Freundin, Mina Baltin, zum Geburtstag, und mir schreibt sie auch zum Geburtstag: *Ob groß, ob klein,/mein lieber Junge sollst du sein!*

Die *Dichtungen* der Mutter bringen mich in Verlegenheit, weil die *Ausgezeichnete* unmißverständlich erkennen läßt, daß ihr Lob erwünscht ist, und wenn das Lob nicht kommt, hilft sie nach: Is mir das nich gut gelungen? Ganz hipsch schon, wenn mans richtig nimmt, nich wahr nich? Ob sie Lob für eine Bluse einfordert, die sie genäht hat, oder für einen Rock, den sie plissierte, oder für ein *Gedicht*, sie tut es mit sich ähnelnden Sätzen: Ganz scheene eegentlich, nich wahr nich?

Heute, da es zu spät ist, glaube ich Sucht und Sehnen der Mutter besser zu erkennen. Das Lob war knapp bei uns auf der Heide. Die Menschen in meiner halbsorbischen Heimat kargten damit. Wer mehr davon haben wollte, als gegeben wurde, mußte sich ein bißchen *kümmern.*

(L I 1983)

Mit der Schwester und der Mutter 1917 vor dem Kotten in Graustein. Ein »Gedicht« der Mutter. Spielsoldaten und Bilderbuch wurden nach dem Fotografieren wieder eingezogen. Sie gehörten in den LADEN.

Solange es Tag ist, schwirrt und summt der Geschäftsgeist meiner Mutter umher, erst spät am Abend sperrt sie ihn in den Laden und läßt ihre Seele ausfliegen. Sie füttert den blauen Seelenvogel, läßt ihn Buchstaben, Wörter und Sätze aus Büchern picken und läßt sich von ihm auf die Rückseite der Welt führen und hörts von dorther säuseln: Der Mensch lebt nicht von Brot allein.

Aber am nächsten Tag, wenn die Mutter sich spät am Morgen frisiert und den falschen Zopf aufsteckt, fängt der Geschäftsgeist wieder an, in ihr zu summen und zu surren, und sie denkt darüber nach, wie sie den Bierverzehr der Bergarbeiter im Laden steigern kann. Sie soll, flüstert ihr der Geschäftsgeist ein, den Bergleuten marinierte Heringe als Sakuska, als Zuspeise zum Bier, vorsetzen.

(L I 1983)

Bei uns auf der Heide spricht man Wörter wie *Liebe* und *lieben*, *Seele* und *Gefühl*, *Trauer* und *Schmerz* nicht aus. Und wenn wer traurig ist, so sagt er: Ween kinnde ich. Und wenn sich wer beleidigt fühlt, sagt er: Das hat mir gelangt! Und wenn wer unter seelischen Schmerzen leidet, heißt es: Ich bin reene koppvarrickt. Und wenn wer über seine Gefühle spricht, sagt er: Mir is nich richtig in Hosen.

(L I 1983)

Die Verbreitung von Geheimnissen ist nicht auf Worte angewiesen, sie bedient sich der Menschenmienen und Menschengesten.

(L I 1983)

Ein Mensch, der still und für sich allein stirbt, der nicht mehr in Worte schachtelte, was er fühlte, als er sich auf den Weg machte, hinterläßt seine Anverwandten rätselnd; niemand kennt seine letzten Wünsche.

(L I 1983)

Nichts bleibt, wie es ist. Wir beobachten schlecht und bemerken Zerfall und Vergehen von Menschen, Dingen und Zuständen erst, wenn sie sichtbar werden.

(L I 1983)

Weil ich vom Lande bin,
Lieb ich den Regen.
Dort in den Feldern
Reimt er sich
Nicht nur auf Segen.
Regen der Kindheit,
Hoch oben im Heu:
Dämmerdunkel von Märchen durchfunkelt.
Später als Fuhrmann
Unter der Plache:
Kienruch vom Holz
Der durchnäßten Fuhre,
Duftender Dampf aus den Pferdefellen.
Landstreicher-Langtag
Im modernden Schober:
Vor jedem Weiterweg
Schranken aus Regen.
Mit den Mäusen an Körnern kaun.
Fröstelnd nach Wurzeln
Des Unrechts graben.

Aber der schläfrige Regen heute
Vor meinem Fenster
Im Apfelbaumgarten
Ist mir verdächtig.
Ich mißtrau schon dem Tau.
Kann der betropfte Apfel am Zweige
Nicht wie im Märchen
Durch Böstat voll Gift sein?
Eben dies Mißtraun hindert mich heute
Wie unser Bruder Verlaine zu singen:
Regen, du lieber, du lieber Gesang!

(uv 1959)

Die Zeiten, von denen uns Großvater erzählte, waren schöner als die unsere. Es war die Poesie, die die Großvater-Geschichten verschönte, entdeckte ich später, aber noch später entdeckte ich, daß die Poesie nicht nur in Geschichten aus abgelagerten Zeiten, sondern auch in der Jetztzeit steckt, in der Zeit, in der man lebt, und daß es nur darauf ankommt, sie im Jetzt zu entdecken.

(L I 1983)

Mein Sohn Matthes schenkte mir zwei kleine Schiffe. Sie sind aus goldenem Stanniolpapier und haben eine besondere Eigenart: Niemand sieht ihnen an, daß sie Schiffe sind. Gekrümmte Papierblättchen. Wenn ich es nicht von Matthes erfahren hätte, so wüßte auch ich nicht, daß es zwei Schiffe sind.

Wozu hast du die Goldpapierfetzchen auf dem Bücherregal? werde ich gefragt.

Laßt sie liegen; es sind zwei Schiffe!

Mit dem Sohn Matti, Sommer 1966

Die Schiffe werden auf dem Bücherbord bleiben, bis der älter gewordene Matthes mir etwas anderes dafür hinstellt.

Ich denke an mein erstes Gedicht. Es war ein Fetzchen bekritzeltes Papier, und niemand wollte es als Gedicht gelten lassen.

(K 1966)

Ich bettle, die Mutter möge mir eine Übernachtung auf der Windmühle erlauben. Sie erlaubt es nicht. Ich würde am nächsten Morgen unausgeruht sein und in der Schule einschlafen. Weshalb soll ich in der Schule nicht schlafen? Ich kenne sie doch auswendig. Von allem, was in der Schule geschah, kann ich noch heute stundenlang erzählen, aber ich kann euch nicht erzählen, wie eine Nacht durch eine arbeitende Windmühle geht. Ich hätte beharrlicher sein sollen. Jedes Erlebnis verlangt einen bestimmten Zeitpunkt, seinen tiefsten Eindruck auf uns zu machen. Der rechte Zeitpunkt, eine Nacht auf der Mühle zu verbringen, waren für mich jene Kindheitstage, in denen es mich danach verlangte.

(L I 1983)

Man kann nicht sagen, daß der Mensch sich leicht in die Luft erhöbe; er tut es schwer und wütend, das Getöse dabei ist höllisch.

(Se 1966)

Mit einer Zelle beginnen wir, aber sie genügt uns bald nicht mehr, und wir bauen uns Zellen um Zellen – ein ganzes Zuchthaus aus Zellen.

Nachher sprengt das Leben dieses Gefängnis, und wir breiten uns aus in der Welt, aber wohl nur, um nach neuen Möglichkeiten zu suchen, uns wieder Zellen zu bauen. Weiß es wer besser, der belehre, aber schulmeistere mich nicht!

(Se 1966)

Mit dem Planwagen nach Mehl.
Auf dem Wagen Bruder Frede, rechts von ihm der Vater. 1931

Ich werd so ungern von hier weggehen, und ich werde versuchen, es hinauszuschieben, weil ich so viel Zeit vergeudete und nicht tat, was ich hätte tun sollen.

(Se 1966)

Abend ists, und ich höre die Gänse.
Niedrig ziehen sie über den Hof.
Suchende Wandrer im mondigen Nebel.
Redend kreisen sie über den Wiesen.
Sieh, mir bleibt Hoffnung.
Die Gänse ziehn nordwärts.
Noch wird es nicht Winter.

(uv)

Man kann das Leben aus vielerlei Blickwinkeln betrachten: aus dem philosophischen, dem politischen, dem ökonomischen, dem chemischen, dem physikalischen, dem religiösen und so fort, und jeder ist interessant, aber eben nicht umfassend, deshalb mußte ich mein Leben lang achtgeben, daß mich nicht die Vertreter einseitiger Blickwinkel mit sich rissen.

(Se 1966)

Ich will nur noch Rat geben, wenn ich drum gebeten werde, und auch dann noch zögernd. Erfahrungen sind wie eingetragene Anzüge, sie passen einem anderen nur im glücklichsten Falle.

(Se 1966)

Ich ziehe meine Straße, überschreite die Hügel und hoffe, den schneebedeckten Berg zu erreichen, um auf ihm zu ergründen, was mich da hinauftrieb.

(Se 1966)

Ehe ich meiner ausgezeichneten Mutter Erziehungsfehler vorwerfe, die sie an mir beging, will ich erkunden, ob nicht auch ich meine Söhne ähnlich ängstigte und fehlerzog, während ich selbstgefällig meinte, ich hätte sie richtig erzogen.

(L I 1983)

Eine Dichterin, eine der stärksten Frauen, die mir im Leben begegneten, eine *Mutter Courage*, hat mich auf die Kraft der Schwachen aufmerksam gemacht, und wenn ichs recht bedenke, so gehörte meine Mutter zu diesen kräftigen Schwachen.

(L I 1983)

Lesen in Bratislava

Wenn ich die Kurve nach meinem Bett zu nehme, gehe ich an Tolstois Foto vorbei und drunter hängt das Foto von Eva. Nie wurde mir so bewußt, wie während der Schmerzen, daß diese beiden Menschen, der eine nicht mehr in der Welt des Sichtbaren, der andere, mein körperlicher Nachbar, die Pole sind, die mein Leben einfassen. (Es kann sein, daß der Begriff *Pole* ein nicht stimmendes Bild ist!) Tolstoi, mit dem ich aus dem Instinkt heraus in meinem zwölften Lebensjahr Bekanntschaft machte, und die Dichterin, zu der ich mich durch meine Lebensirrtümer hinhangelte.

(G 1968)

Wenns een Gott gibt, hat er keen Noam, sagt Tante Maika, wenn een Wesen een Noam hat, hats ooch Beene, und denn heeßts balde: sie fielen zu seinen Füßen nieder, und zum Schluß heeßts: und sie küßten am die Beene.

(L I 1983)

Bis auf den heutigen Tag frage ich mich, ob es gut ist, die Zeit, in der man lebt, mit Erinnerungen an gewesene Zeiten zu vertun. Sollte man nicht lieber die Gegenwart, so *beschössen* sie sich zuweilen auch darzustellen beliebt, mit Hilfe von Phantasie und Poesie an die Stelle rücken, an der sie schon jetzt der Glanz des Vergangenen trifft? Ist nicht auch das Unterfangen, meine frühe Kindheit hier vor euch auszubreiten, ein Ausweichen? Verdränge ich damit nicht meine Enttäuschung über Mitmenschen, die ich meine Freunde nannte und die sich meine Freunde

Mit der Troika durch die Wälder

nannten? Hätten sie mich enttäuschen können, wenn ich sie gesehen hätte, wie sie waren und wie sie noch immer sind und nicht, wie ich mir wünschte, daß sie hätten bleiben sollen? Vielleicht, vielleicht! Vielleicht verhilft mir aber das Durchforsten meiner Kindheit auch zu Einsichten, die mir nötig sind, die mich morgen zu dem machen, was man von mir erwarten darf, zum Verklärer des weder mit der Vergangenheit noch mit der Zukunft verquickten Jetzt.

(L I 1983)

Man soll den Stab nicht über jemand brechen, der noch nicht Amen gesagt hat. Das Leben bewegt das Lebendige und das Tote unaufhörlich: jede Minute sind Überraschungen möglich.

(L I 1983)

Es geht den Dingen, die der Mensch anfertigt, zuweilen wie dem Menschen selber: Der Weltenschöpfer gebiert ihn, stößt ihn in die Außenbezirke seines Schöpferwesens, weil er will, daß er (der Mensch) dort selber ein bißchen schöpferisch tätig sein möge, gewissermaßen im Laienkunstkabinett, und der Mensch betritt, mit seiner *inneren Aufgabe* ausgestattet, hübsch naiv das sogenannte wirkliche Leben und merkt nicht, daß dort schon Leute auf sein Stimmrecht warten, und daß Herrschlustige auf der Lauer liegen, ihn für ihre Zwecke einzufangen und zu mißbrauchen.

(L I 1983)

Ich fing an, nach Ureinfällen zu suchen, und stieß überall auf Schablonen, Schablonen, und das bis auf den heutigen Tag. Das macht mich zuweilen wütend, das macht mich zuweilen krank, dann aber sage ich mir: Sei nicht unduldsam und ungerecht, *Schablonisieren* scheint dem Menschen die naheliegendste Art zu sein, durchs Leben und von Katastrophe zu Katastrophe zu kommen! Vielleicht will er im allgemeinen nichts weiter.

(L I 1983)

Ob der kleine Jesusknabe, auch Heiland genannt, nun wirklich am vierundzwanzigsten Dezember, zum Wotansfest der Germanen, geboren wurde oder nicht, seine fiktive Geburt wird von einem Teil der Menschheit alljährlich als ein Tag des Friedens gefeiert, sogar in Kriegen, die die Deutschen so gern veranstalten, wird Weihnachten zuweilen weniger geschossen. Überall einigermaßen Frieden, wenn sichs machen läßt!

(L I 1983)

Wer so schreibt, daß ihn der Tag überholen kann, hat so gut wie nichts oder nichts Bleibendes geschrieben.

(L I 1983)

Die kleine Stute beginnt zu erblinden.
Sie ahnt nichts vom Abschied.
Kaum größer als unser Hofhund steht sie im Stall.
Lippenfinger befühln meine Hände.
Dann kommt das Auto. – Roh-Öl-Gestank.
Die Männer lassen die Klappe herunter.
Ich führe die Stute
– Wie täglich zur Weide –
Aus dem dämmrigen Stall ins Freie.
Ödweißer Schnee.
Das Pferd-Fuchsfell leuchtet.
Die Stute schnuppert,
Erkennt das Auto,
Erkennts mit dem einen noch guten Auge,
Dann sucht mich ihr Blick.
Ich trete zur Seite.
Ich starr in den Schnee.

Das Kleinpferd erklimmt die holzene Schräge.
Zögernd setzt es die zierlichen Hufe.
Jetzt im Kasten schaut es sich um,
Wartet auf meinen besorgten Rückruf.
Stille.
Kein Rückruf.
Der Motor springt an.
Mir ists, als hätt ich die Freundin verstoßen.
Kein Wind nimmt mirs fort.
Kein Schnee deckts mir zu.

(uv)

Mir macht das Schlachten auf unserem Hofe mehr Pein als das Schlachten in Lehnigks Schlachthaus. Ich fühle mich mitschuldig. Einmal renne ich weg und presche zu Großtante Maika: Wie wirscht du, Maika, mit dem Schweinesterben fertig?

Ich tu ma nich beloaden. Großtante Maika hält kein Schlachtschwein. Sie ißt kein Fleisch. Es gibt ja Quark und Leinöl genung, sagt sie. Wer sich über die Grausamkeit des Schweinschlachtens ereifert, aber Wurst ißt, der heuchelt, gibt sie mir zu verstehen.

Soll ich ooch bloß Quark und Leinöl essen, Tante Maika?

Ich weeß nich, ob du sollst. Ich muß! Das ist es, was sie mir sagt.

(In meinem späteren Leben gibts eine Zeit, in der ich vegetarisch zu leben versuche, um meine Liebe zum allgemeinen Leben deutlich auszudrücken, freilich auch, weil meine *Vorbilder* Tolstoi und Rilke vegetarisch gelebt hatten. Ich liebäugele naiverweise mit dem Gedanken, wenn ich nur von Pflanzen lebe, einmal Bücher zu schreiben wie jene beiden von mir Verehrten. Und ich lebe drei Jahre vegetarisch, und dann veranstalten die deutschen Arier ihren Krieg, und ich arbeite täglich zwölf Stunden in chemischen Dämpfen in einer Fabrik, und meine Vegetarier-Lebensmittelkarte weist immer weniger Eier, Quark, Öl und Butter auf, und ich kralle wieder nach Tierfleisch und dabei bleibt es bis heute, deshalb bin ich ein *Heichler*, wie meine Großtante Maika sagte, wenn ich euch hier von meinem Mitgefühl für die Schlachttiere rede.)

(L I 1983)

Achtgeben, achtgeben, daß dir dein krankes Herz nicht Menschen und Verhältnisse als Ärgernisse vorführt. Lieber die Lust zum Sich-Ärgern überwinden und damit vielleicht das Herz reparieren.

(G 1968)

Auch wenn er die verständnisvollste Frau, den einfühlsamsten Kameraden sein eigen nennt, gibts für den Schreibenden Tage, ja Wochen, in denen er einsam durch Urwald und Wüste wandert. Er durstet, lechzt, schwitzt, vertrocknet, und er schüttelt die Bäume in den Urwäldern in der Hoffnung, Antworten möchten aus ihrem Gezweig auf ihn niederfallen, und er haut verwirrende Luftwurzeln nieder, sucht und sucht nach einer Lichtung, auf der er eine Weile rasten könnte, und wenn er die Lichtung findet, sieht er alsbald, daß sie nicht ist, was sie zu sein vorgab, und er muß weiter und weiter.

(G 1968)

Die Beiträge meiner Schriftsteller-Kollegen, die in den heutigen Lesebüchern stehen, will ich nicht schmähen, aber laßt mich wenigstens über meine Beiträge etwas spotten und ein wenig süßsauer lächeln. Nicht, daß sie sprachlich geschludert wären, aber da sind einige, die handeln vom *Neuen Menschen*, den ich vor Jahrzehnten glaubte aus der Zukunft heraustreten zu sehen. Aber ists, daß meine Augen inzwischen schlechter wurden, oder ists, daß ich kein Utopist mehr bin, der *Neue Mensch*, wenn es ihn gibt, hält sich noch immer hinter den blauen Schleiern der Zukunft versteckt. Na, mäg!

(L I 1983)

Ich brach aus Fallen, in die ich im Leben geriet, aus, zuweilen mit Kraft-Akten über lange Zeit hin – und ich brach aus und fing von vorn an und das bis auf den heutigen Tag, und soeben bin ich dabei, eine Bewußtseinsfalle, in die ich geriet, zu zersprengen.

(L I 1983)

Wo und wie ihr euch auch verstecken möget, dem Leben entgeht ihr nicht.

(G 1967)

Mit Herbert und Ilja zwei Fuhren Heu eingefahren und den Heurest der beiden großen Wiesen eingesetzt, das wird noch ein Fuder ergeben.

Ich bin matt und lustlos, habe wahrscheinlich zu niedrigen Blutdruck und nehme Medikamente.

Später sehe ich die Erzählungen durch, die ich in den letzten Monaten schrieb. Einige beginnen mir zu gefallen.

Die Korrekturfahnen für die Erzählung *Damals auf der Farm* durchgesehen. Mit Iljas Hilfe das Bohnenstangengestell für den Knöterich an den Kaninchenställen verstärkt. Ein Züchter aus Oranienburg kommt mit seiner Stute zum Hengst.

Am Abend sitze ich im Pferdestall und spiele Mundharmonika, um meine Mattheit und Apathie mit mechanischen Mitteln zu besiegen.

(G 1967)

Und wieder, wie fast jedes Jahr, sind wir in Weimar. Wir bummeln durch die Stadt, kaufen Kirschen, gehen ein Stück in den Park, so daß wir Goethes Gartenhaus aus den Bäumen schimmern sehen. Das Wasser der Ilm stinkt faulig und treibt zwischen Inseln von Wasserpflanzen dahin. Aber das Wasserrauschen und die Baumschatten söhnen uns aus.

In Weimar singen sogar die Amseln: Hier wohnten Schiller und Goethe.

Im untersten Stockwerk des Schlosses ist im Parkett der Schwamm ausgebrochen, so daß wir die Cranach-Gemälde nicht sehen können. Am Abend lese ich vor Teilnehmern am Germanisten-Hochschul-Ferienkurs, die aus vielen, vielen Ländern kommen, meine Erzählungen *Hasen über den Zaun*, *Die Cholera*, *Die Grotte*, *Im Taubenschlag*, *Schildläuse* und *Der Tod meiner Fliege.* Den stärksten Eindruck scheint die Erzählung *Die Grotte* zu hinterlassen.

Am nächsten Abend geht ein Gewitter nieder. Es regnet lange, und unten in einem der Säle des *Elefant* schrummt die Musik zum *Bergfest* der Kursisten. Die zufällig zusammengekommenen Dozenten aus verschiedenen Ländern geben kleine Gesangs- und Vortragsnummern, was jeder gerade so kann. Nachdem man vierundzwanzig Stunden hohe ästhetische Ansprüche an die Literatur stellte, gibt man sich nun mit Hausbackenem (im Hochzeitszeitungsstil) zufrieden: *Nous dormirons ensemble*, singt der kleine Chor der Franzosen (recht selbstgezimmert), und er erntet viel Beifall.

Wir gehen durch die von tausend Regentropfen durchlöcherte und erfrischte Abendluft im oberen Teil des Parks spazieren und sehen den vielen Wildkaninchen zu, die respektlos in den Blumen vor dem Liszt-Denkmal herumhoppeln, und der arme Liszt (von seinem Steinmeißler gezwungen) muß das alles ignorieren und nach Melodien Ausschau halten und in die Ferne starren.

Und der Goethe, wie nahe er doch die ganze Zeit der Frau von Stein wohnte! Man stellt sich da beim

Lesen der entsprechenden Verlautbarungen stets lange Wegstrecken vor, die er zurücklegen mußte, wenn er sie besuchte. Aber eine Zeitlang, als Goethe in der Seifengasse wohnte, standen die Häuser der *platonisch Liebenden* Rücken an Rücken. Und auch später, als der Geheime Rat am Frauenplan wohnte, wars aus dem hinteren Pförtchen des Goethegärtchens nur ein Sprung zum Hause der von Stein.

(G 1967)

Im Bäckerladen des Vaters bezahlten Gutsarbeiter das Brot, das sie geholt hatten, am Monatsende, oder sie brachten ihr Deputatkorn und tauschten es für Brot ein. Oft bezahlten sie nicht, weil vielleicht ein Kleid für die Tochter gekauft oder die durchlöcherte Jungenhose des Sohnes ersetzt werden mußte. Dann gingen die Gutsarbeiter einen Monat lang zum Müller und holten dort ihr Brot und ließen es anschreiben, aber auch dort kam der Tag, an dem ihnen der

Der Brandfuchs mit der übermühten Vorderhand,
vorn der Ziehbrunnen und hinten die bewußte Tonne!
(»Der Laden« 1) 1923

Müller Bezahlung oder Ausgleich abverlangte. Dann mußten sie wieder in den Bäckerladen um Brot. Und sie kamen dorthin wie die Sünder, und wenn es ein Regentag war, an dem sie einen Kartoffelsack als Kapuze und Mantel über ihre Köpfe und Schultern gestülpt hatten, und wenn ihnen meine Mutter das Brot verweigerte, so schien alle Traurigkeit der Welt auf einem Haufen versammelt zu sein. Erst begleichen, sagte die Mutter dann. Meist fing der Abgewiesene an zu flehen. Das Herz der Mutter war gütig, soweit das Herz einer Bäckerin gütig sein durfte. Der Regen tropfte als graue Brühe vom Sackmantel des Flehen-

Wieder drei Morgen Queckenland mehr, der Vater 1928

den, und die Fliesen des Ladens bedeckten sich mit dunklen Tropfensternen, es war, als weinte der Flehende am ganzen Körper um Brot.

Vielleicht wars ein solcher Regentag und nach einem solchen Erlebnis im Laden, da ich das erste Buch von Tolstoi zu packen bekam und mich damit in eine der Dachkammern des Hauses verkroch. Ich las dort und las, und es trug sich so etwas wie eine Erleuchtung in mir zu, als ich im Nachwort vom Leben Tolstois erfuhr, und wie der auf seine Weise *Begleichung* zu betreiben versuchte.

Am Abend saß ich wie ein Prophet zwischen meinen Geschwistern und erzählte ihnen, mit einem Seitenblick auf die Eltern, daß ich nun wüßte, was Begleichung sei, ich erzählte ihnen, wie Tolstoi *Begleichung* betrieben hätte.

Aber der Vater, der kleine muskulöse Mann in der mehligen Bäckerschürze mit den Teigresten in den Armhaaren, wies mich zurecht: Was sagst du, ein Graf war er, dieser, wie sagst du, Tolstoi? Ja, der konnte sich so Späße leisten.

(G 1967)

Ein Funke aus dem Weltraum hat dich getroffen. Es ist Unruhe in dir. Die Verhältnisse, in denen du bisher lebtest, erscheinen dir fraglich. Leute, die dich kennen (vielleicht sogar du selber), bezeichnen deinen Zustand als Krise.

Das nächstliegende, um deiner Unruhe und Unzufriedenheit Herr zu werden, scheint dir, deine Umgebung zu wechseln. Du kannst das freilich tun, gewinnen wirst du dabei kaum etwas. Deine Unruhe schleppst du als Reise-Gepäck mit dir. Im ersten Hotelzimmer springt sie mit deinem Zahnputz-Zeug aus dem Koffer.

Es ist besser, zu bleiben, wo du bist. Mit deinem Bleiben setzt du der inneren Unruhe einen festen

Als Freistil-Ringer in Sotschi 1960

(dialektischen) Punkt, eine Basis entgegen, auf der deine Unruhe sich zu Kristallen niederschlagen kann, aus denen ersichtlich wird, was hinter ihr steckte.

(G 1968)

Als Krabbenfischer in Jalta 1967

Die Nacht war mild, und die Zikaden sangen, und als sie damit aufhörten, wurde es Morgen, oder weil es Morgen wurde, hörten sie damit auf.

Der Ärger erwacht zugleich mit mir, ich liege bis acht Uhr, und der Zorn über den verfehlten Urlaub steigert sich. Ich weigere mich, einen Blick aus dem Fenster zu tun, und denke, denke an mein *verlorenes* Schulzenhof.

Die mit meiner Existenz geplagte Eva schüttet allen Optimismus, alle Fürsorge aus, so daß ich langsam ein schlechtes Gewissen bekomme. Ich stehe auf, mein erster Blick gilt nicht der Landschaft, sondern dem Schreibtisch im Nebenzimmer. Es liegt Sonne darauf, und von unten aus der Stadt krähen viele, viele Hähne. Ich werde wohl doch schreiben können, ja, ich werde schreiben können, denke ich.

Dann sehe ich zum Fenster hinaus. Drunten glitzert das Meer, die Landschaft unternimmt einen Generalangriff auf meine böse Laune.

Die Berge sind nah, aber doch hinter einer bläulichen Lasur meerwassergefärbter Luft. Die Sonne steigt höher, erst ist sie wie ein Klumpen glühenden Eisens, dann nimmt sie die Farbe von Messing an.

Verlorenes Schulzenhof

Der Wind fegt und fächelt, die Wolken bewegen sich wie zusammengeknüllte Papierballen auf blauem Hintergrund. Die Zypressen verneigen sich, und die harten Blätter der Fächerpalmen rascheln.

Jetzt erst entdecke ich, daß jedes unserer Zimmer eine bedachte und mit Korbstühlen und Korbtischen ausgestattete Veranda hat, sogar eine Liegestatt ist dort, und das Balkongitter ist von großblättrigen Weinreben umrankt. Das große Licht vom Himmel her wird von den Weinblättern filtriert und bringt es zu einem Spiel verschiedener Gelbs und Grüns, zu Farben, die mich erheitern, und da bin ich besiegt, setze mich an den Tisch und fange an zu schreiben.

(G 1967)

Die Sonne ist da, das Meer nimmt sich des Spiegelbildes an und zerreibt es zu glitzernden Funken. Im Hafen liegt ein großes Schiff. Eine Stimme dringt von dort her zu mir auf den Berg. Die Stimme spricht in einer fremden Sprache. Jedes Wort ein Donnerhall. So mag die Stimme Gottes geklungen haben, jenes Gottes, den sich die alten Juden ausdachten. Und in unserer Zeit schallt die Stimme des kleinen Menschen über Länder und Erdteile. Gott hat sich aufs Stillsein verlegt. Du gehst in der Menge, er zupft dich sacht am Ärmel: Ich bitte, mir unauffällig zu folgen!

(G 1967)

Die Kinder, die uns zuerst etwas verhalten umarmen, als müßten sie feststellen, ob wir uns in den fünf Wochen verändert haben, andere Eltern geworden seien, lockern sich allmählich, und dann beginnt das Gezwitscher. Zuhören, was wir erlebt haben, ist ihnen zunächst nicht wichtig. Sie selber sind angefüllt mit Erlebnissen, sie sind noch nicht darauf angewiesen, zu verreisen, um Erlebnisse zu haben. Jeder Gang in den Wald nach Grünlingen ist ihnen ein Erlebnis.

(G 1967)

Am Nachmittag ritt ich mit Matthes, um die Kraniche aufzustöbern. Sie und die Bachstelzen seien eingetroffen, während wir in Berlin in dunklen Stuben Sitzungen absolvierten, erzählt uns Herbert. Wir fanden die Kraniche nicht in ihren Brutrevieren. Sie waren auf den Saatäckern jungen Roggen pflücken. Ein paar hundert Stare durchschwärmten den Rheinsberger Wiesenplan, fielen über die frisch geworfenen Maulwurfshügel her, flogen auf und zuckten im Schwarm hin und wider, als ob die einzelnen Vögel nur Zellen eines Riesenstars in der Größe von zwei Elefanten wären, die ganze Vogelschar von einem Impuls durchzuckt. Man kann sich nur vorstellen, daß da mit Wellen gearbeitet wird und daß da Zusammenhänge noch nicht erforscht sind.

Dann ließen sie sich auf den breiten Kiefern am Wiesenrand nieder, und der Schwarm zerfiel in Vogelindividualitäten. Jeder sang oder redete etwas an-

Vor dem Ausritt im Spätherbst, links Sohn Knut, rechts Nachbar Herbert Franke 1959

deres vor sich hin, und es waren so viele Imitatoren anderer Singvögel unter ihnen, daß man aus der Entfernung schwer ausmachen konnte, ob es sich um Drosseln, Haubenlerchen, kleine Häher oder andere Singvögel handelte.

Mir erschien dieses Verhalten der Stare wie ein Modell für unsere Gesellschaft. Einig und vom gleichen Impuls bewegt beim Nahen undefinierbarer Störungen und in der Ruhe der einzelne so individuell wie möglich.

(G 1968)

Daheim in seiner Arbeitsstube denkt man zuweilen an den Tod, aber jetzt, da man vor den neunundsiebzigjährigen Eltern sitzt, kommt man sich vor wie ein Jugendlicher, der im Gedankenspiel mit dem Sterben kokettierte. Zuerst wird mal hier gestorben. Das scheinen die Gesichter der Eltern zu sagen. Zuerst wirst du mal hier erproben, wie man mit dem Tod fertig wird, wenn er dir auf den Pelz rückt!

Das ist nun die indische (Hindi) Übersetzung meines letzten Romans. Ich bin stolz darauf. Gerade diese indische Übersetzung macht mich stolz, sagt man, und man begründet zu allem Überfluß, weshalb man stolz drauf ist.

Gleich drauf schämt man sich über diese Eitelkeit, die von weit hinten aus der Kinderzeit herkommt. Man war nicht der tüchtigste Sohn seiner Eltern. Alle Geschwister waren tüchtiger, stiegen, ohne viel zu fragen, in das ein, was daheim das Leben genannt wurde. Das Leben ist nun einmal so, fertig! Was dieser eine Junge (war er nicht ein Kuckuck im Bachstelzennest?) nur zu fragen und zu deuteln hatte? Lehrjahre sind keine Herrenjahre! Weshalb nimmt er das nicht zur Kenntnis wie seine Geschwister? Dieses unproduktive Nachdenken über die Lebensvorgänge! Er steht sich damit nur selber im Wege!

Mit den Eltern hinterm LADEN,
der bereits eine Konsum-Verkaufsstelle ist.

Und die Eltern nehmen das indische Buch ihres Sohnes ein bißchen verlegen, fast gequält in die Hände und ringen sich ein theatralisches Erstaunen ab. Man hätte das wissen müssen, man hätte wissen müssen, daß man jemanden in eine peinliche Lage bringt, dem man vorführt, daß er sich in der Vergangenheit ein vorschnelles Urteil über einen bildete, ein Urteil, das jetzt nicht mehr stimmt.

Möge dieser kleine eitle Auftritt der letzte gewesen sein! Möchte es das letzte Mal gewesen sein, den alten Eltern beweisen zu wollen, daß ihr sonderbarer Sohn das Leben doch noch meisterte, auf eine Weise meisterte, die sich ihrer Beurteilung entzieht.

Man schläft in der Stube, in der man als Kind schlief. Man starrt den grünen Kachelofen beim Einschlafen an und das Rohr der Lichtleitung. Zwei alte Zeugen aus der Zeit, da man sich mit Tolstois Lebensbeichte, aber auch mit Mathematik und Latein und noch mehr mit der ersten Liebe zu einem Mädchen abquälte. Martel hieß sie, ja, Martel hieß sie wohl. Man hatte sie mit zusammengepreßten Lippen im Wäldchen, fünfhundert Meter vom Elternhause, geküßt. Nicht der Rede wert? O doch, denn mit dieser Martel drängten sich die Frauen in mein Leben. Oder zog ich sie hinein? Jedenfalls wars damals, daß ich das erste Häppchen vom Brot der Unruhe herunterbiß. Soll man sie schmähen, diese Unruhe? Vielleicht war es gerade sie, die mich produktiv machte, produktiv erhielt.

(G 1968)

Das Land meiner Kindheit liegt nicht irgendwo; es liegt in mir; niemand hat es mir genommen, nur der Weg dahin ist schwer zu finden.

(Se 1966)

Wenns dann soweit ist, wünsch ich mir, an einem Maientag davonzugehen.

(Se 1966)

Ein Künstler, der all seine Zeit, seine Kraft und seine Phantasie in sein Werk steckt, erhält Macht, ohne daß er danach trachtet, aber oft erlangt er sie erst nach seinem Tode. Erlangt er sie im Leben und mißbraucht sie, fällt er sogleich vom Thron. Das unterscheidet ihn von anderen Mächtigen.

(Se 1966)

Je älter ich wurde, desto mehr reduzierten sich meine Vorstellungen vom *Glück*. Jetzt gibt es nur noch eine: *Schreiben.* Nicht schreiben wollen, sondern schreiben müssen. Es gibt keine Wahl mehr.

(Se 1966)

Er sah sein Werk an und sah, daß es gut war, und er machte sogleich ein besseres, und als er sah, daß es besser war, machte er sogleich ein noch besseres; und das fort, bis er sich aufzulösen begann und das wurde, was er vorher war. Seine Feder überdauerte ihn um ein kleines, und einige von ihm hergestellte Wortverbindungen überdauerten ihn etwas länger, weil vielleicht eine kleine Weisheit in ihnen verborgen war, die nur er hatte wiederentdecken können.

(Se 1966)

Novembertag.

In deinem Garten brennt die letzte Rose.
Die Krähe schwimmt vom Busch zum Baum.
Es fällt ein Blatt, ein Blatt ein Blatt,
Nicht windgezupft, der Nebel drückt sie nieder
Und fällt mit ihnen sacht und fällt.
In deinem Garten brennt die letzte Rose.
Ich schau sie an, damit ich sie behalt.

(uv)

Als Kind glaubte ich an die Vernunft der Erwachsenen, bis ich erkannte, zwischen wieviel Unsinn sie aus Gewohnheit leben.

Als ich erwachsen war, glaubte ich an die Vernunft der Alten und Erfahrenen, bis ich erkannte, daß sie unter starren Normen und unsinnigen Gewohnheiten dahinlebten, und da wandelte ich den dem Nazarener zugeschriebenen Satz ab: Wahrlich, es ist leichter, daß ein Kamel durchs Nadel-Öhr geht, als daß ein auf seine Erfahrungen pochender Alter sich auf was Neues einläßt.

(Se 1966)

Solang man *unverbindlich* schreibt, gewissermaßen zu seiner Selbstverständigung kritzelt, fängt man irgendwo an, und es ist einem gleich, wohin das Geschriebene führen wird.

Sobald man sich vornimmt, jetzt schreibst du eine Geschichte, und zu überlegen und auszurechnen anfängt, an welcher Stelle man zu beginnen und an welcher man aufzuhören hat, damit es eine *durchschlagende Erzählung* wird, hat man seine Schreiberunschuld verloren.

Valentin Katajew hat recht, wenn er sagt: Gut schreiben können heute viele, aber haben sie was zu sagen? Er setzt der formvollendeten Schreiberei den von ihm *erfundenen* Mauvismus entgegen: Lieber ein wenig rauh schreiben, stilistisch nicht vollendet, aber sagen, was man wirklich sieht und fühlt.

(G 1969)

Sobald ich schreibend in diese Notizhefte krieche, fühle ich mich recht eigentlich wohl. Ich versuche in diesen Heftchen, Kieselsteinchen für Kieselsteinchen, die Welt so aufzubauen, wie sie sich mir darstellt. Es gelingt mir freilich nicht immer.

(G 1969)

Die Erde ist dichter Himmel,
Der Himmel schwebende Erde,
Die Sonne ist Feuer aus
Himmel;
Die Sonne ist glühende Erde,
Der Mensch ist verdichtete Liebe,
Die Liebe ist schwebender Mensch.
Wer sieht, muss nicht glauben.

Einer der Reize meiner frühen Kindheit – ich kannte die Hoffnung so gut wie nicht.

(Se 1966)

Ich reite heimzu. Durch die Wälder schimmert ein Licht. Es ist das Licht vom Hofe des Nachbarn.

Zwischen mir und dem Vorwerk liegen ein Wald und eine Schonung. Das feine Licht aber fädelt sich durch Äste und Zweige. Schieße danach, du wirst es nicht treffen. Die Kugel wird an die Zweige streifen und irr gehn. Die Kugel ist grob, das Licht ist fein.

Eines Abends, als ich wieder nach Hause ritt, sah ich kein Licht durch die Wälder schimmern. Am Rande des Vorwerks sah ich es wieder. Wo war es, als ichs im Walde suchte? Es ging ein Wind, er bewegte die Zweige, sie sperrten dem Licht die Schlupflöcher zu. Die Ruhe ists, die den Lichtblick gewährt.

(K 1966)

Auf dem Araber-Hengst GALBA BEN AFAS, den der ALTE nicht vergessen kann. 1973

Die Mutter in den letzten Lebensjahren

Verzeichnis der Abkürzungen

B	Meine Freundin Tina Babe. Eine Nachtigall-Geschichte
¾	¾-hundert Kleingeschichten
G	Wahre Geschichten aller Ard(t)
Gr	Wie ich meinen Großvater kennenlernte. Eine Nachtigall-Geschichte
I	Interview mit Heinz Plavius
J	Grüner Juni. Eine Nachtigall-Geschichte
K	Schulzenhofer Kramkalender
Kg	Katzgraben. Stück
L I	Der Laden. Erster Teil. Roman
L II	Der Laden. Zweiter Teil. Roman
Ly	Neue Deutsche Lyrik. Eine Anthologie
M	Sulamith Mingedö, der Doktor und die Laus. Eine Nachtigall-Geschichte
N	Die blaue Nachtigall oder der Anfang von etwas. Eine Nachtigall-Geschichte
P	Als ich noch ein Pferderäuber war. Eine Nachtigall-Geschichte
Sch	Schneewittchen. Eine Nachtigall-Geschichte
Se	Selbstermunterungen
T	Tinko – Film
W I	Der Wundertäter. Erster Band. Roman
W II	Der Wundertäter. Zweiter Band. Roman
Z	Zirkus Wind. Eine Nachtigall-Geschichte
uv	unveröffentlicht

ISBN 3-351-03001-0

3. Auflage 1994

Gesamtgestaltung Heinz Hellmis, Hennigsdorf
Einbandreproduktion nach dem Ölbild „Schulzenhof"
von Hubertus Giebe
Offizin Andersen Nexö Leipzig GmbH, Graphischer Großbetrieb
Printed in Germany